经济法学的理论与制度视角探索

唐　静　王海琴　郭军丽　◎著

图书在版编目（CIP）数据

经济法学的理论与制度视角探索 / 唐静，王海琴，郭军丽著. -- 北京 ：中国书籍出版社，2024. 8.
ISBN 978-7-5068-9991-8

Ⅰ. D922.290.1
中国国家版本馆 CIP 数据核字第 2024QQ0871 号

经济法学的理论与制度视角探索

唐　静　王海琴　郭军丽　著

图书策划	邹　浩
责任编辑	毕　磊
责任印制	孙马飞　马　芝
封面设计	博建时代
出版发行	中国书籍出版社
地　　址	北京市丰台区三路居路 97 号（邮编：100073）
电　　话	(010) 52257143（总编室）　(010) 52257140（发行部）
电子邮箱	eo@chinabp.com.cn
经　　销	全国新华书店
印　　厂	晟德(天津)印刷有限公司
开　　本	710毫米×1000毫米　1/16
印　　张	12.75
字　　数	217千字
版　　次	2025 年 1 月第 1 版
印　　次	2025 年 1 月第 1 次印刷
书　　号	ISBN 978-7-5068-9991-8
定　　价	78.00元

前言

经济法作为现代法学的重要分支之一，随着社会经济的发展和变革，其重要性日益凸显。全球化、市场经济的深化以及科技的迅猛发展，都对经济法的理论和实践提出了新的挑战和要求。在这样的背景下，深入探讨经济法的理论基础、制度设计以及实际应用，不仅有助于丰富法学理论体系，更对提升法律制度的适用性和有效性具有重要的现实意义。

本书从多个角度对经济法学进行系统阐述，涵盖了从基本概念到具体制度的广泛内容。这种全面的分析不仅有助于读者理解经济法的整体框架，还能够帮助法律从业者在实际操作中准确应用法律条款。研究经济法的特征与地位，以及其与其他法律领域的关系，对于深化法律体系的理解具有不可忽视的作用。此外，在对公司法、金融法、保险法等具体法律制度的探讨中，本研究提供了对当前法律问题的深刻见解和解决方案。

本书的主要目的是为读者提供一个全面而系统的经济法学知识体系，通过详细分析经济法的概念、特征、责任与实施，读者可以更好地理解和掌握这一领域的基本理论。同时书中对国有企业法、消费者权益保护法、中小企业促进法等具体法律的探讨，旨在帮助读者深入了解经济主体的法律规制。此外，金融法律制度、保险法律制度、劳动法律制度等内容的深入分析，意在帮助读者理解这些法律制度在现代经济中的重要角色和影响。

目　录

第一章　经济法概述

第一节　经济法的概念

一、经济法概念

经济法作为现代法律体系中的重要组成部分，是指调整国家在经济管理过程中与经济主体之间、经济主体相互之间在经济活动中产生的社会关系的法律规范总称。经济法的诞生和发展反映了国家对经济活动的干预和规范，其目的是为了维护经济秩序、促进经济发展和社会公平。了解和掌握经济法的概念，是深入研究经济法的基础，也是理解国家经济政策和法律制度的关键。

（一）经济法的定义

经济法的定义是经济法学研究的首要问题，经济法是调整经济关系的法律规范体系，其主要特点在于通过法律手段介入市场经济活动，以实现经济管理和经济调控的目的。经济法的定义在不同的法学体系中有所不同，但其核心都是围绕国家对经济活动的干预和管理。

经济法的广义定义。从广义上看，经济法是指所有调整经济关系的法律规范，包括行政法、民商法等。但这种定义过于宽泛，不利于明确经济法的独立性和独特性。

经济法的狭义定义。从狭义上看，经济法是指国家为实现对经济活动的调控、管理和规范而制定的一系列法律规范。这种定义较为具体，能够突出经济法的特点和作用。

经济法的实质定义。从实质上看，经济法是指一切在国家宏观调控和经济管理过程中，调整国家与经济主体、经济主体相互之间经济关系的法律规范。这种定义既包括国家对经济活动的干预，也包括对市场主体行为的规范。

（二）经济法的特征

经济法作为独立的法律部门，具有其独特的特征，这些特征是理解经济法的重要基础，也是在实际应用中区别经济法与其他法律的关键。

国家干预性：经济法的首要特征是国家干预性。经济法通过法律手段介入市场经济活动，对市场进行调控和管理，以实现国家的经济政策目标。这种干预不仅体现在立法上，也体现在执法和司法过程中。

综合性：经济法具有综合性，涉及多个法律部门和领域。经济法不仅调整市场主体的行为，还包括对国家经济政策、计划、产业政策等的规范。其综合性使得经济法在整个法律体系中具有重要的协调作用。

社会性：经济法的另一个重要特征是社会性。经济法不仅关注经济效益，还关注社会效益。通过经济法，国家能够实现社会公平、保护消费者权益、维护市场秩序等多方面的社会目标。

（三）经济法的作用

经济法在现代社会中的作用不可忽视，通过法律手段对经济活动进行调控和管理，经济法在维护经济秩序、促进经济发展、保障社会公平等方面发挥着重要作用。

调控市场经济：经济法通过对市场主体行为的规范和对市场秩序的维护，实现对市场经济的调控。经济法的这一作用是现代市场经济国家必不可少的法律保障。

保护经济主体权益：经济法通过法律手段保护经济主体的合法权益，特别是在市场竞争中处于弱势地位的中小企业和消费者的权益。经济法的这一作用有助于实现社会公平和正义。

促进经济发展：经济法通过对经济活动的规范和管理，促进经济的健康发展。通过经济法的实施，国家能够实现经济政策目标，推动经济结构调整和产业升级，促进经济的可持续发展。

经济法的概念是经济法学研究的基础，理解和掌握经济法的定义、特征和作用，对于深入研究经济法具有重要意义。经济法作为调整国家与经济主体、经济主体相互之间经济关系的法律规范，通过国家干预、综合性和社会性等特征，实现对市场经济的调控和管理，保护经济主体权益，促进经济发展。随着市场经济的发展和国家经济政策的调整，经济法的内容和范围也在不断变化和发展。未来，经济法将在维护经济秩序、促进经济发展和保障社会公平方面发挥更加重要的作用。

二、经济法概念的构成

经济法的概念不仅是一个单纯的定义问题，更是一个多维度、多层次的结构性问题。经济法的概念构成涵盖了特殊性、普遍性、个体性和功能性等多个方面。这些构成要素不仅体现了经济法的内在逻辑和外在表现，也为理解和应用经济法提供了系统的理论基础和实践指南。

（一）特殊性——国民经济

事物的特殊性，即特有规定性，或事物的特有属性。对经济法概念的特有属性认识，在学者们经年累月的耕耘之后，已经初步摆脱了最初的对经济法的认识，论者的思想自觉或不自觉地相互联结起来，正如鲁迅先生所说“其实地上本没有路，走的人多了，也便成了路”一样，一条概念界定的主线渐渐清晰起来。

国民经济关系不同于一般市场运行关系，脱离国民经济运行的市场运行是以自由和自主为基础形成的经济关系，国民经济关系是经济法概念所涉及“经济关系”的特殊性。国民经济关系确立了经济法的存在和作用领域。国民经济运行，是一国范围内所有的经济部门（行业）、经济单位、经济区域、经济环节等组成的有机整体，通过一定的原则、程序、方式和手段实现良性经济运转。在思维抽象上，国民经济运行可分为微观经济运行、中观经济运行和宏观经济运行。

这里的微观经济即微观主体，包括经济关系中的特殊主体和企业。微观主体是国民经济的基本单位，是国民经济的细胞。微观经济运行即微观主体参与到经济关系中，同时这种关系涉及国民经济的健康、稳定和发展。

这里的中观经济是指市场。市场是商品交换的场所，是宏观经济活动和微观经济相连接的载体。为维护市场交易的安全和稳定，特殊情况下，进入市场需要有关部门核准。一般情况下主体的身份状况需要有关部门备案，并保持一定的稳定性。原因在于市场主体针对的交易人是不确定的外部主体，相关信息是进行交易的前提。

宏观经济运行，是国民经济全局及关系国民经济全局的经济活动，如国家预算、财政、固定资产投资、劳动保障、物价总水平等。它不是国民经济的全部，但它是国民经济中具有决定意义的重要部分。经济法对宏观经济关注的主要是国家（政府）对宏观经济的调整，集中表现为宏观调控行为和措施。

（二）经济法概念的普遍性在法律部门中的定位

概念的另一构成要素是普遍性，传统部门法在界定某个法部门时总是以“调整……法律规范的总称”这种格式化语言来表述。一些年来，有另一类对经济法概念之普遍性要素的表述，就是将其定位于法部门，包括：①经济法是调整……的“法”或“法律”；②经济法是调整……的“法部门”。部门法是建立在法的调整对象和调整方法之上的，调整对象又建立在社会关系的基础上。法部门是调整相同对象的法规范总称，部门法的基础构成关系是：法的调整对象——法规范——法部门，且各要素间是单一对应关系。简单商品经济条件下的经济关系和垄断经济、国家垄断经济情况下的经济关系性质是不一样的。在现代经济条件下，法的调整对象和法规范之间不是单一的对应关系。民事法律调整财产关系和人身关系，但财产关系和人身关系并非只由民法调整。这便形成同一社会关系由多元法律规范调整的事实。调整对象和法规范之间在逻辑上是充分非必要条件。“同一社会关系——多元法律规范”已经改变了部门法得以成立的基础要件。这样，部门法只是同一对象的法律规范的综合，而不是同一性质的法规范的总和。同一部门下的法规范有两层含义：形式上是以对象为基础形成的法条文的聚合；本质上是多种不同调整方法而形成的法律性质的规范的分类调整。因此不能枉顾经济和法律发展的现实，将经济法狭义地定义为一个法部门。

国民经济关系是综合性关系，其以构成要素形成的法律规范分布于以对象为立法标准的部门法中，因此经济法应当被定义为……法律规范的总称，但不是法部门含义上的法律规范。

经济法规范具有自己的特性。概括而言，主要包括以下方面。

第一，经济法规范有自己的侧重，基于国民经济体系化的需要，部门法项下的同类性法律规范中融入了异质性的内容，打破了法域意义上的传统部门法的构成基础，产生了部门法内规范的非纯粹性。传统思维判断法与法之间的区别主要是法部门之间调整对象的差异，再加上对法部门的法域归属上，即公法、私法上进行分析，如民商法属于私法，行政法属于公法等。现代法已经无法沿着这样一条思维路径走到认识的终点。建立在异质性法规范基础上的现代法部门内部的公法性规范和私法性规范交错，改变了部门法原有的意义。法规范本身包含的调整方法已经超过了法部门的公、私法的单一属性，如公司法部门中包含有任意性调整、强制性调整、限制性调整、禁止性调整、倡导性调整等规范。这样，部门法仅具有法规范聚合意义，即形式意义。经济法所指向的不是形式化的部门法，而是在传统部门法中转移了观察的视角而得出的认识，将关注国家利益或社会公共利益的法规范总体进行有机组合形成的制度体系，也是跨部门法后形成的规范体系。

第二，经济法规范是建立在自然、技术和社会发展规律基础上的法律规范，规范是规定如何利用自然力量、社会规律的行为规则，包括技术规范和社会规范。法律规范属于社会规范。经济法规范的生成建立在国民经济运行的规律性、人或物的自然属性及技术的可实施性基础上。如在宏观调控制度中，必须掌握价格围绕价值波动的规律、通货膨胀和失业的关系等规律。在采煤工业、化学工业、农业等生产过程的管理必须遵守相应的技术规范；产品质量标准或食品的安全标准建立在各自技术的可预见性基础上。经济法视域内的法律规范和技术规范的关系是，法律规范规定相关人员遵守技术规范的义务，及不遵守技术规范的法律责任。技术规范是法律义务的具体内容。因此经济法规范不仅有社会科学基础，也将许多自然科学规则转化为法律规则。这种量的规定性决定了经济法规范的质的规定性。

第三，经济法规范的结构具有模糊性和残缺性。一般讲，法规范的结构为假定、处理和制裁。经济法规范的结构具有残缺性。在宏观调控法中，国家宏观调控权是一种授权性规范，国家根据国民经济的发展状况主动行使。在法规范的结构上，假定部分是模糊的，针对国民经济的各个方面，而不是某一种具体情况。有些宏观调控法律规范没有明确的制裁部分，如中央银行对利率的调整。当然，没有制裁不等于不受任何约束。宏观调控行为的适当性和效率通过经济统计和国家权力机关的监督反映出来。经济法规范结构的模糊和残缺是由国民经济的复杂性决定的。

（三）个体性——制度的范畴和体系

1.制度范畴

经济法是调整国民经济运行的法律规范，但又不是法律规范的简单聚合，经济法是调整国民经济运行关系的法律规范在逻辑上的系统化。从上述国民经济关系的类型来看，经济法律规范的范围可以分为以下三个方面。

第一，经济法律主体制度规范，这里存在两类特殊主体，一类是特殊市场主体——国有企业，其所以特殊是因为职能不同于一般市场主体。另一类主体是弱势主体，包括消费者、劳动者、中小企业。由调整这些主体的相关法律制度构成经济主体法，包括典型市场主体——国有企业法律制度和经济弱者保护法律制度。

第二，市场监管法律规范，即调整中观关系的法律规范总称。主要包含三个方面：①企业存设关系。企业，作为市场主体，如同产品一样，要达到相应的标准才能准入市场。其退出，在特殊情况下也不完全是自主和自由的，如涉及债权人和员工利益的破产问题。经济法中所针对的企业存设关系，包括准入的条件和程序、退出的条件和程序等。广义上，存设关系还包括企业组织变更关系，即企业的合并和分立等，因为这些组织结构的变动不仅仅涉及自身的企业规模及债权、债务人的债务风险，还涉及企业所在的市场结构、竞争者的利益、消费者的利益等。②交易客体标准化法律制度，包括产品（或食品）的质量标准关系、资源类客体的用途管制关系等。③市场竞争的保护制度和特殊行为监管关系。前者包括反不正当竞争法律制度、反垄断法律制度、广告法律制度等。特殊行业主要是对国民经济影响大的行业，由此形成特殊市场的监管制度，如银行业监管制度、保险业监管制度、证券业监管制度等。

第三，宏观调控的法律规范。包括利用产业调控手段形成的计划法、产业政策法律规范；利用公共投资手段形成的财政、政府采购、固定资产投资等法律规范；利用杠杆手段形成的税收、货币、宏观价格调节等法律规范，等等。

2. 制度体系

经济法制度化是国民经济系统性所要求的，公法、私法的划分及其表现形式，背后揭示的是政治国家和市民社会的历史分野。政治国家和市民社会依靠法律的公法和私法各自调整即完成相应的使命。当垄断经济和国家垄断经济出现以后，国家的政治职能和经济职能开始融合起来。相应地，调整国民经济运行关系的法律调整手段也需要多元化、系统化。

法制度是法律发展史上法体系的第三次结构调整和理论升华。

从“诸法合体”到公法、私法的提出是法体系的第一次划分。它开启了对部门法发展具有重要意义的法主体、法益、调整对象的探讨。同时为部门法的诞生提供了智力支持。随着生产力的发展和生产关系的细化，以部门法形式将私法、公法的特性展示出来，完成了法体系的第二次内部结构调整。以1804年法国民法典为代表的法国“五法”的划分，兴起了学说和相应的法规汇纂，在程序法获得独立地位的同时实体法也趋于细化，继而“六法”取代了“五法”。部门法是对公、私法的扬弃。到了近代，“私法公法化”和“公法私法化”运动直接冲击了构成法部门的基础——法规范，改变了法规范的单一属性，即同质性规范领域内加入了异质性规范。产生了区分法部门的法制度。进而，法制度改变了法体系的结构，由“法部门—法体系”变为“法制度—法体系”。形成这些法制度的基础不是调整对象和调整方法，而是社会关系。法与法的区别是法制度的区别。法制度是对法部门的扬弃。

因此按照一般的概念逻辑，经济法概念的界定方法应该是，调整国民经济运行中的特定经济关系的法律规范构成的法制度的总称。

（四）功能性——制度目标

经济法作为现代法律体系中的重要组成部分，其功能性在实现制度目标方面发挥着至关重要的作用。经济法通过一系列法律规范和制度设计，确保经济活动的有序进行、市场的公平竞争以及社会的和谐稳定。经济法的制度目标主要体现在维护经济秩序、促进经济发展、保障社会公平和支持国家经济政策等方面。维护经济秩序是经济法的重要制度目标之一。经济活动的有序进行是市场经济得以正常运转的基础。经济法通过对市场主体行为的规范，防止垄断和不正当竞争行为，保障市场的公平竞争，维护正常的市场秩序。如，反垄断法和反不正当竞争法作为经济法的重要组成部分，通过对市场主体的行为进行严格的法律规范和约束，防止垄断行为和不正当竞争行为的发生，保障了市场的公平竞争环境。通过维护经济秩序，经济法不仅促进了市场的健康发展，也为经济主体的合法权益提供了有力保障。

促进经济发展是经济法的另一个重要制度目标，经济法通过一系列法律规范和制度设计，为国家的经济发展战略和政策实施提供了法律保障。通过经济法的实施，国家能够实现对经济活动的有效调控和管理，推动经济结构调整和产业升级，促进经济的可持续发展。如产业政策法和宏观调控法作为经济法的重要组成部分，通过对国家经济政策的法律保障，推动了国家经济发展战略的实施，促进了经济的健康发展。同时经济法还通过对市场主体的扶持和保护，激发了市场主体的创新活力和发展动力，为经济的持续增长提供了有力支持。保障社会公平是经济法的另一个重要制度目标。社会公平是社会和谐稳定的重要基础，也是经济法关注的重点。经济法通过一系列法律规范和制度设计，保护消费者和弱势群体的合法权益，促进社会的公平和正义。如消费者保护法和劳动法作为经济法的重要组成部分，通过对消费者和劳动者权益的保护，保障了社会的公平正义。同时经济法还通过对市场主体行为的规范，防止垄断行为和不正当竞争行为的发生，维护了市场的公平竞争环境，促进了社会的和谐稳定。通过保障社会公平，经济法不仅实现了社会的和谐稳定，也为经济的发展提供了良好的社会环境。支持国家经济政策的实施是经济法的重要制度目标之一。国家的经济政策是实现国家经济发展目标的重要手段，经济法通过一系列法律规范和制度设计，为国家经济政策的实施提供了法律保障。如，财政法和税收法作为经济法的重要组成部分，通过对国家财政政策和税收政策的法律保障，支持了国家经济政策的实施。同时经济法还通过对市场主体行为的规范，保障了国家经济政策的有效实施，促进了国家经济发展目标的实现。通过支持国家经济政策的实施，经济法不仅保障了国家经济政策的有效实施，也为国家经济的发展提供了有力支持。

经济法的概念构成包括特殊性、普遍性、个体性和功能性等多个方面。这些构成要素不仅体现了经济法的内在逻辑和外在表现，也为理解和应用经济法提供了系统的理论基础和实践指南。通过对这些构成要素的深入研究，能够更加全面地理解经济法的本质和作用，为进一步的经济法学研究和实践提供坚实的理论基础。未来，随着经济的发展和国家经济政策的调整，经济法的概念构成和内涵也将不断丰富和发展。

第二节　经济法的特征与地位

一、经济法制度的特征

经济法作为现代法律体系中的一个重要组成部分，具有独特的制度特征。它既不同于传统的民法、商法，也有别于刑法和行政法。经济法的制度特征主要体现在以下三个方面：制度运用上的本土性、制度形式和内容上的政策性以及法益上的社会本位性。这些特征不仅使经济法在法律体系中占据重要地位，也为其在社会经济调节中发挥作用提供了理论和制度保障。

（一）制度运用上的本土性

经济法的制度运用具有明显的本土性特征。这一特征主要体现在经济法在制定和实施过程中，充分考虑了本国的社会经济背景和具体国情。经济法的制定必须符合本国的经济发展水平和社会文化背景。中国的经济法体系在构建过程中，既借鉴了国外先进的法律制度和理论，又结合了中国的实际情况，形成了具有中国特色的经济法律体系。如在市场经济体制改革过程中，中国制定了一系列经济法律法规，如《公司法》《反垄断法》《消费者权益保护法》等，这些法律既吸收了国际通行的法律原则和规范，又体现了中国的实际国情和发展需求。经济法的本土性还体现在其对外开放和国际合作中的适应性。在全球化背景下，经济法不仅要维护本国的经济利益，还需要与国际经济法规则接轨，促进国际经济合作。如中国在加入世界贸易组织（WTO）后，积极调整和完善国内经济法制度，使之与国际规则相衔接，为促进国际贸易和投资创造了良好的法律环境。此外随着“一带一路”倡议的推进，中国经济法在国际合作中的地位和作用也日益凸显，通过制定和实施一系列涉及国际合作的经济法律法规，为推动区域经济一体化和国际经济合作提供了法律保障。

（二）制度形式和内容上的政策性

经济法具有强烈的政策性，这主要体现在其制度形式和内容上，经济法的制定和实施往往与国家的经济政策紧密相关。经济法作为国家调控经济活动的重要工具，必须与国家的经济政策相协调。如国家在不同时期的经济发展目标和政策重点不同，经济法的内容和实施策略也会相应调整。如在应对金融危机和经济衰退时，国家会通过调整金融监管政策和企业扶持措施，稳定经济发展。经济法的政策性还体现在其制度设计上。其通过法律手段实现国家的经济政策目标，要求法律制度具有灵活性和可操作性，以适应不断变化的经济环境。如为了促进科技创新和产业升级，国家制定了一系列鼓励科技创新的法律政策，如《科技进步法》《高新技术企业认定管理办法》等，这些法律政策通过提供税收优惠、资金支持等方式，鼓励企业加大科研投入，推动科技进步和产业升级。此外，经济法的政策性还体现在其具体内容上。如，经济法中涉及的产业政策、市场调控政策和社会保障政策等，都是国家经济政策的重要组成部分，通过法律形式加以体现和实施。如《反垄断法》通过规范市场竞争行为，防止垄断和不正当竞争，维护市场公平竞争秩序；《劳动法》通过保障劳动者权益，规范劳动关系，促进社会和谐稳定。这些法律政策的实施，不仅有助于实现国家的经济发展目标，也为维护社会公平和正义提供了法律保障。

（三）法益上的社会本位性

经济法的法益具有明显的社会本位性特征，这一特征主要体现在经济法不仅关注经济利益的实现，更注重社会整体利益的维护，经济法的社会本位性体现了其对公共利益的保护。经济法在调节经济关系时，始终把维护公共利益放在首位，通过规范市场主体的行为，防止和纠正市场失灵，保障社会公共利益。如《反垄断法》《消费者权益保护法》等，都是为了防止市场垄断和不正当竞争，保护消费者和社会公共利益。经济法的社会本位性还体现在其对弱势群体的保护上。经济法通过制定和实施一系列保护弱势群体的法律措施，如《劳动法》《社会保险法》等，保障劳动者、消费者等弱势群体的合法权益，促进社会公平和正义。如《劳动法》通过规定最低工资标准、工作时间、劳动保护等措施，保障劳动者的基本权益；《社会保险法》通过建立和完善社会保险制度，保障公民在年老、疾病、失业等情况下的基本生活需求。这些法律措施的实施，不仅有助于改善弱势群体的生活状况，也为促进社会和谐稳定提供了法律保障。此外，经济法的社会本位性还体现在其对社会经济秩序的维护上。经济法通过规范市场主体的行为，维护市场秩序和社会经济秩序，促进社会的和谐稳定发展。如《企业破产法》通过规范企业破产程序，防止企业破产对社会经济秩序造成冲击，维护社会经济的稳定；《环境保护法》通过规定环境保护责任和措施，促进可持续发展，维护社会生态环境的平衡。这些法律措施的实施，不仅有助于维护社会经济秩序，也为实现可持续发展提供了法律保障。

经济法作为一门独立的法律学科，其特征和地位具有独特性和重要性。经济法的制度特征主要体现在制度运用上的本土性、制度形式和内容上的政策性以及法益上的社会本位性。这些特征不仅体现了经济法的独特地位，也反映了其在调节社会经济关系中的重要作用。在未来的发展中，经济法将继续发挥其特有的制度优势，为经济的稳定发展和社会的和谐进步提供有力的法律保障。通过结合本国国情和实际情况，经济法能够更好地适应经济发展的需要，为维护社会经济秩序和促进经济繁荣发挥重要作用。

二、经济法的独立性与地位

（一）经济法独立性的探讨

这是个争议性很大，且一直持续至今的问题。当然，立足于学科意义上，在理论界独立的经济法已经有了较大程度的认同。

1.法独立性的标准和表现形式

传统上对法部门探讨如火如荼，并提炼出若干理论成果。归纳以往，法学家主要探讨的是确认法律部门的标准。观点主要有如下几种：①调整对象标准。这种或那种社会关系是法律划分成部门的依据。②法律调整的方法。每一个法律部门都应该有其独立的调整方法。③法律制裁的性质，因为社会关系的属性表现在法律规范的假定和制裁中。④法学家阿尔扎诺夫、勃拉图西明确提出了应当将法律调整的社会关系内容和法律调整的方法结合起来作为部门法划分的标准和依据。另外，也有视调整方法为辅助性的、派生性的分类标准。

这些认识作为法部门划分的公平标尺，难以适应经济关系复杂化和法律结构的多元化状况。如，制裁标准排除了民法、刑法和行政法之外的法律部门；方法标准在一些法律部门，如土地法中，会遇到不同方法的交叉。调整对象所确定的财产关系和行政管理关系，也存在内在属性不一致的问题，如财产关系，私人财产关系和国有企业财产关系都属于财产关系，但调整各自关系的法律性质截然不同。再如，侵犯注册商标专用权行为既属于商标侵权行为，也属于不正当竞争行为。那么，对擅自使用他人注册商标的调整形成的法律关系就包括商标法和反不正当竞争法。法律部门的划分适应简单商品经济对法律的要求，复杂经济条件下，一种经济关系既涉及关系主体——当事人，也涉及关系人之外的人，甚至涉及公共秩序，对这种多层次性的经济关系的法律调整，以一个法律部门来统领是无法完成的。因此，基于单层经济关系直接对应的部门法划分具有时限性和先天不足。当然划分标准的不适应也加剧了这种先天不足造成的不适应。曾几何时，学者们围绕划分标准问题进行的激烈讨论，现在看来，法部门划分理论不适合发达的法律现实状况，它只“提供了法的分类方法，对法作‘部门的’‘水平的’划分，未能揭示法与法之间的相互关系。”法与法之间的本质区别是法制度间的区别而不是部门法与部门法之间区别。

经济法的产生，改变了传统法律对法律关系认识的水平关系和指向的单一性，形成了立体法律关系和法律关系的复合型。如在传统法看来，姓名问题由民法解决、基于合同的纠纷由合同法解决、知识产权的纠纷由知识产权法解决……在经济法看来，姓名问题并非只由民法解决、基于合同的纠纷属于商业贿赂或者垄断协议由竞争法解决、知识产权的纠纷属于知识产权滥用，由反垄断法解决，等等。由此，姓名、合同、知识财产由两个以上的法律进行不同视角的调整，这形成了法律关系的立体结构。

2.经济法有独特的调整范围

经济法调整的领域，是国民经济运行过程中形成的经济关系。这种经济关系，是伴随生产社会化、国民经济体系化和垄断资本主义经济国际化而形成和发展的。国民经济运行过程中形成的经济关系包括与民法、行政法、刑法调整的经济关系（财产关系）竞合的经济关系（但调整的目的、方式不同），以及有别于这种竞合关系的新型经济关系。

经济法调整的特殊范围包括以下方面。

（1）组织性经济关系，其形成源于经济主体在社会经济中的角色——国民经济的组成部分。从微观角度看，经济主体的设立、歇业和生产经营活动是内部的事务。从宏观角度看，经济组织的生存和发展涉及社会生产、分配、交换和消费各个环节，国家需要对其施以必要的控制，以保证国民经济的秩序和稳定发展。这样，就形成了经济组织关系的二重性。确立外部经济组织关系的目的是确定经济主体某种义务，保障与其有直接或间接利益关系的主体权益或维护社会经济秩序。外部经济组织关系包括存设关系和组织变更、终止关系，即经济组织与国家机关在经济组织设立、变更、终止过程中形成的关系，也可以说是国家对经济主体在组织结构上实施管理形成的关系。

（2）经济竞争关系，这是指两个或两个以上的经营者或消费者在市场机制运行中所形成的相互对立、互相制约的经济关系。经济竞争关系包括不正当竞争关系和垄断关系。不正当竞争关系是由经济组织实施的对竞争进行实质性限制，以及使用不正当的竞争方法和交易方法而形成的。垄断关系包括基于“私人自治”所形成的垄断关系和行政机关滥用权力形成的垄断关系。

（3）经济监管关系，这是指国家和社会组织及个人对经济行为实行监管所形成的经济关系。经济监管，不包括国家经济机关的内部上下级间的监督，而是只对特定经济关系的管理。此外，还包括基于法律授权的社会组织对特定行业的监督。即在经济监督权的行使上，不仅包括国家权力，还包括社会权力。

（4）经济调控关系，又称“宏观调控关系”，是国家在协调、控制国民经济运行中形成的经济关系。国家对国民经济实行调控，是市场经济的必然要求，即源于总供给与总需求的均衡、经济结构均衡的要求。市场机制本身并不能保障自发实现经济均衡发展。市场价值规律作用的结果，一方面促成供求均衡，实现资源的优化配置；另一方面又因市场的盲目性特征而导致市场经济的矛盾，造成资源不能充分利用。均衡与非均衡的对立统一是市场经济发展过程中的普遍现象。为保障国民经济健全发展，充分发挥市场调节的基础作用和宏观调控的主导作用，国家对经济进行宏观调控是必然的。

3.经济法的独立性不依附于法律责任制度和诉讼制度

来源于学者麦舍拉的以法律责任为标准进行部门法划分的学说热度，在理论界已渐趋清冷，法律责任只是经济法制度的一个构成内容而不是充分条件。经济法与法律责任之间的关系中尚有许多待证实和待构建的内容，如经济法是否有自己独立的法律责任、经济法是否有自己的诉讼制度等。即使没有独立的法律责任而援用民事、行政和刑事责任，也不会给构建中的经济法制度带来颠覆性后果，且不说经济法有自己的独特责任形式。另外，程序法是保障权力（利）的必不可少手段，其设立既要考虑专业性，又要顾及效率性。一些经济法中的权利保障可以援用现行的诉讼制度，也允许在现行诉讼法律制度基础上增加或补充特殊的程序制度。经济法的诉讼可以借用民事诉讼的，如消费者权益保护；行政诉讼制度，如税收征管程序，也有自己独特的程序制度形式——公益诉讼制度。由于公益诉讼制度处于探讨中，似乎经济法的独立诉讼制度尚在构建中，但这不应该影响作为实体制度的经济法的独立存在。

（二）经济法的地位

经济法在一国的法体系中的地位取决于调整关系在社会中的地位，国民经济发展是社会发展的基础，其他社会关系都建立在这个基础之上。这种决定性来源于经济安全在社会关系中的基础地位。体现为：①国家财产权利的设置是为维护经济安全，如国家自然资源的所有权、使用权、处分权；以及对国有资产的所有权等。②国家经济管理权力的行使是为保障经济安全。国家经济管理权属于经济主权的范畴，行使经济主权对内保障经济稳定、增长。国家经济调控的目的是经济主权的直接体现，避免经济发展大起大落。③在国际经济关系中的经济主权。在经济全球化的现今，强调国家经济自决权和发展权等尤其重要。对外国经济因素给本国带来的经济不安定采取的任何挽救措施都是符合经济主权原则的，如对外商投资企业及跨国公司、跨国银行在国内的活动依法进行有效的监管；在一国经济发展中禁止其他国家以任何借口、任何方式对他国的经济资源和自然资源进行掠夺、控制和强占；防止和避免其他国家在经济上攫取单方利益和特权。④国家义务的设定是为保障基础设施和公共福利。自西方国家提出“福利国家”概念以来，维护公共设施，增进公共福利不仅仅是国家政治管理内部的事情，而是国家对社会的承诺。

第三节　经济法与相邻法律的关系

一、经济法与民商法的关系

经济法作为一门独立的法律学科，其与其他法律学科的关系密切，特别是与民商法之间的关系尤为复杂和重要。民商法主要规范私人之间的财产关系和交易行为，而经济法则更多关注社会经济关系的宏观调控和市场规范。了解经济法与民商法的关系，有助于全面把握两者在法律体系中的作用和地位，为实现法律的整体协调和优化提供理论依据。

（一）经济法与民商法的区分与联系

经济法与民商法在法律体系中各自具有独特的地位和作用，但两者之间也存在着紧密的联系和一定的区分。一是经济法与民商法在规范对象和范围上有所不同。民商法主要规范平等主体之间的财产关系和交易行为，如合同法、物权法、公司法等，而经济法则更多地规范社会经济关系的宏观调控和市场规范，如反垄断法、消费者权益保护法、金融法等。经济法的重点在于通过法律手段实现国家的经济政策目标，维护市场秩序和社会公共利益，而民商法则侧重于保护私人主体的合法权益，维护市场交易的自由和公平。

二是经济法与民商法在法律性质和功能上存在一定的差异。经济法具有明显的公共性和政策性，其主要功能在于通过法律手段实现国家的经济政策目标，维护社会公共利益和市场秩序。如反垄断法通过规范市场竞争行为，防止垄断和不正当竞争，保护消费者和市场的公平竞争。而民商法则具有更强的私法性质，其主要功能在于通过规范平等主体之间的财产关系和交易行为，保护私人主体的合法权益，促进市场交易的自由和公平。

三是经济法与民商法在法律体系中的地位和作用有所不同。经济法作为一种宏观调控法，其地位和作用主要体现在国家对经济活动的干预和调控上。通过制定和实施一系列经济法律政策，经济法维护社会经济秩序和公共利益。而民商法则作为一种涉及私人主体和市场交易的法律，其地位和作用主要体现在对市场交易行为的规范与保护上。民商法通过制定和实施一系列法律规范，保障私人主体的合法权益，维护市场交易的自由与公平。经济法与民商法在规范对象、法律性质和功能以及在法律体系中的地位和作用上均存在明显的区别与联系。理解和把握这种关系，对于全面理解经济法与民商法在法律体系中的作用与地位，实现法律的整体协调与优化具有重要意义。

（二）经济法对民商法的影响与补充

经济法对民商法的影响和补充主要体现在三个方面。

一是经济法通过对市场主体和经济行为的宏观调控，为民商法的实施提供基础和保障。如经济法通过制定和实施一系列市场监管法律政策，如反垄断法、消费者权益保护法、金融法等，规范市场竞争行为，维护市场秩序，为民商法的实施提供了稳定和有序的市场环境。民商法则通过规范市场主体之间的交易行为，保护私人主体的合法权益，促进市场交易的自由和公平，进一步推动市场经济的发展。

二是经济法通过对市场失灵的纠正和调控，弥补了民商法在维护社会公共利益和市场秩序方面的不足。如民商法主要侧重于规范私人主体之间的交易行为，保护私人主体的合法权益，而对于市场失灵和公共利益的维护相对较为薄弱。经济法则通过制定和实施一系列宏观调控法律政策，如反垄断法、金融监管法等，对市场失灵进行纠正和调控，维护社会公共利益和市场秩序，弥补了民商法在这方面的不足。

三是经济法通过对市场主体和经济行为的引导和规范，促进民商法的完善和发展。如经济法通过制定和实施一系列产业政策、市场调控政策等，引导市场主体的行为，促进经济结构调整和产业升级，这对于民商法的完善和发展具有重要的推动作用。民商法则通过规范市场主体之间的交易行为，保护私人主体的合法权益，促进市场交易的自由和公平，为经济法的实施提供了法律保障和支持。

（三）民商法对经济法的支持与限制

民商法对经济法的支持与限制主要体现在三个方面。

一是民商法通过规范市场主体之间的交易行为，为经济法的实施提供法律基础和支持。如民商法通过制定和实施一系列合同法、公司法等，规范市场主体之间的交易行为，保护私人主体的合法权益，为经济法的实施提供了法律基础和支持。经济法则通过对市场主体和经济行为的宏观调控，维护市场秩序和公共利益，进一步推动了民商法的实施和发展。

二是民商法通过保护私人主体的合法权益，限制了经济法的干预和调控。如民商法通过保护私人主体的合法权益，保障市场交易的自由和公平，限制了经济法在市场主体和经济行为中的干预和调控。经济法则通过制定和实施一系列宏观调控法律政策，如反垄断法、金融监管法等，对市场主体和经济行为进行干预和调控，维护市场秩序和公共利益，这在一定程度上限制了民商法的实施和发展。

三是民商法通过维护市场交易的自由和公平，促进了经济法的完善和发展。如民商法通过规范市场主体之间的交易行为，保护私人主体的合法权益，促进市场交易的自由和公平，为经济法的完善和发展提供了法律保障和支持。经济法则通过对市场主体和经济行为的宏观调控，维护市场秩序和公共利益，进一步推动了民商法的实施和发展。

经济法与民商法作为法律体系中的两个重要组成部分，其关系密切且复杂。经济法通过对市场主体和经济行为的宏观调控，为民商法的实施提供了基础和保障，同时对市场失灵进行纠正和调控，弥补了民商法在维护社会公共利益和市场秩序方面的不足。民商法则通过规范市场主体之间的交易行为，保护私人主体的合法权益，为经济法的实施提供了法律基础和支持，同时限制了经济法在市场主体和经济行为中的干预和调控。理解和把握经济法与民商法的关系，对于实现法律的整体协调和优化，维护社会经济秩序和公共利益，具有重要意义。在未来的发展中，经济法和民商法将继续相互支持、相互制约，共同推动法律体系的完善和发展。

二、经济法与行政法的关系

经济法与行政法同属于公法体系，两者在调控国家经济活动和市场秩序方面都发挥着重要作用。虽然经济法与行政法各自具有独立的规范对象和法律特性，但两者之间存在着密切的联系与交叉。在国家宏观调控、市场监管、公共政策实施等方面，经济法与行政法相互支持、相互补充，共同维护国家经济秩序和社会公共利益。现将探讨经济法与行政法的关系，分析两者在法律体系中的互动与协调。

（一）经济法与行政法的区分与联系

经济法与行政法在法律体系中各自具有独特的地位和作用，但两者之间也存在着紧密的联系和一定的区分。经济法与行政法在规范对象和范围上有所不同。经济法主要规范国家对经济活动的干预和调控，包括市场准入、竞争秩序、消费者保护、金融监管等方面；而行政法则主要规范行政机关的职权和行为，包括行政决策、行政执行、行政监督等方面。尽管两者的规范对象有所不同，但在实际操作中，经济法的实施往往需要依赖行政机关的具体执行，行政法的实施也常常涉及经济活动的调控和监管。经济法与行政法在法律性质和功能上存在一定的差异。经济法具有明显的政策性和工具性，其主要功能在于通过法律手段实现国家的经济政策目标，维护市场秩序和社会公共利益。如反垄断法、消费者权益保护法、金融法等都是为了通过法律手段规范市场行为，防止市场失灵，保护社会公共利益。而行政法则具有更强的程序性和行为规范性，其主要功能在于规范行政机关的职权和行为，保障行政相对人的合法权益，维护行政行为的合法性和合理性。

行政法不仅仅是一种程序法，它的地位和作用主要体现在对行政行为的全面规范和监督上。通过制定和实施一系列行政法律规范，行政法不仅确保行政行为的合法性和合理性，还在实质上保障行政相对人的合法权益，促进行政权力的有效行使与社会公共利益的平衡。因此，行政法不仅在程序上发挥作用，更在实体内容上对行政权力的行使进行全方位的制约和引导。

（二）经济法对行政法的影响与补充

经济法对行政法的影响和补充主要体现在三个方面：一是经济法通过对市场主体和经济行为的宏观调控，为行政法的实施提供基础和保障。经济法的实施需要依赖行政机关的具体执行，因此经济法的制定和实施对行政法的实施具有重要的影响和补充作用。如，经济法通过制定和实施一系列市场监管法律政策，如反垄断法、消费者权益保护法、金融法等，规范市场竞争行为，维护市场秩序，为行政法的实施提供了稳定和有序的市场环境。行政法则通过规范行政机关的职权和行为，保障行政相对人的合法权益，促进行政行为的合法性和合理性，进一步推动了经济法的实施和发展。二是经济法通过对市场失灵的纠正和调控，弥补了行政法在维护社会公共利益和市场秩序方面的不足。如行政法主要侧重于规范行政机关的职权和行为，保障行政相对人的合法权益，而对于市场失灵和公共利益的维护相对较为薄弱。三是经济法则通过制定和实施一系列宏观调控法律政策，如反垄断法、金融监管法等，对市场失灵进行纠正和调控，维护社会公共利益和市场秩序，弥补了行政法在这方面的不足。

经济法通过对市场主体和经济行为的引导和规范，促进了行政法的完善和发展。经济法通过制定和实施一系列产业政策、市场调控政策等，引导市场主体的行为，促进经济结构调整和产业升级，这对于行政法的完善和发展具有重要的推动作用。行政法则通过规范行政机关的职权和行为，保障行政相对人的合法权益，维护行政行为的合法性和合理性，为经济法的实施提供法律保障和支持。

（三）行政法对经济法的支持与限制

行政法对经济法的支持与限制主要体现在三个方面：一是行政法通过规范行政机关的职权和行为，为经济法的实施提供了法律基础和支持。行政法通过制定和实施一系列行政法律规范，如《行政许可法》《行政处罚法》《行政强制法》等，规范行政机关的职权和行为，保障行政相对人的合法权益，为经济法的实施提供了法律基础和支持。经济法则通过对市场主体和经济行为的宏观调控，维护市场秩序和公共利益，进一步推动了行政法的实施和发展。二是行政法通过保护行政相对人的合法权益，限制了经济法的干预和调控。三是行政法通过保护行政相对人的合法权益，保障市场交易的自由和公平，限制了经济法在市场主体和经济行为中的干预和调控。经济法则通过制定和实施一系列宏观调控法律政策，如反垄断法、金融监管法等，对市场主体和经济行为进行干预和调控，维护市场秩序和公共利益，这在一定程度上限制了行政法的实施和发展。

行政法通过维护行政行为的合法性和合理性，促进了经济法的完善和发展。行政法通过规范行政机关的职权和行为，保障行政相对人的合法权益，维护行政行为的合法性和合理性，为经济法的完善和发展提供了法律保障和支持。经济法则通过对市场主体和经济行为的宏观调控，维护市场秩序和公共利益，进一步推动了行政法的实施和发展。

经济法与行政法作为法律体系中的两个重要组成部分，其关系密切且复杂。经济法通过对市场主体和经济行为的宏观调控，为行政法的实施提供了基础和保障，同时对市场失灵进行纠正和调控，弥补了行政法在维护社会公共利益和市场秩序方面的不足。行政法则通过规范行政机关的职权和行为，保障行政相对人的合法权益，为经济法的实施提供了法律基础和支持，同时限制了经济法在市场主体和经济行为中的干预和调控。理解和把握经济法与行政法的关系，对于实现法律的整体协调和优化，维护社会经济秩序和公共利益，具有重要意义。在未来的发展中，经济法和行政法将继续相互支持、相互制约，共同推动法律体系的完善和发展。

在中国特色社会主义市场经济中，经济法学与行政法密切相关，二者相互促进、相互支撑。行政法通过规范行政机关的职权和行为，保障行政相对人的合法权益，维护行政行为的合法性和合理性，为经济法的完善和发展提供了坚实的法律保障。经济法作为中国特色社会主义市场经济的重要组成部分，通过对市场主体和经济行为进行宏观调控，维护市场秩序，促进公平竞争，保障公共利益。同时，经济法对行政法的实施起到了促进作用，强化了政府在市场监管中的职责，有效推进了行政法在市场经济领域的规范和发展。

第二章　经济主体法基本理论

第一节　国有企业法

一、国有企业的概念、职能

（一）国有企业的概念

国有企业是20世纪以后各国都存在的一种经济现象，也有将其称为“国营企业、公营企业”等。在我国，早期主要是从出资人的角度理解国有企业，认为其是生产资料归全体人民所有的企业。也有从企业经营控制权的角度来认定国有企业的身份。还有从功能的角度来界定的，指出国有企业是提供公共产品或社会福利的企业，是为弥补市场缺陷而存在的。

国有企业是基于国民经济稳定和发展的需要，由国家或政府投资设立或入股，以资本为联系形成对主体的控制或控制性影响的企业。功能性、资本性和控制性为国有企业的基本特点。

其中控制性是理解国有企业的核心。对此应作广义理解。一种情况是国有独资，即国家全额投资。第二种情况是国有控股，即国有股份在企业总资本中超过50%。上述两种情况，国家投资者都具有控制权。第三种情况是股权相对分散，国有投资主体持股不到50%，但仍能够施加控制性影响。

总体上，对于国有企业需要从如下方面综合理解：①国有企业是国家出资设立的企业法人。②国有企业是国家投资设立的营利性法人。③国有企业是以公益性为主的营利性法人。其基本的组织职能有二：一是在特殊时期，国有企业要承担社会性职能；二是通常情况下，国有企业的职能是使国有资产保值增值。④国家投资的机构可以是中央政府，也可以是地方政府，还可以是法律授权的国有资产监督管理部门或特定的投资机构，还可以是国有企业。⑤国家投资的方式可以是全资即独资的方式，也可以是控股的方式，还可以是控制性影响的形式。

（二）国有企业的一般职能

国有企业是国家机器“阶级性”和“社会性”的综合体现，在战争时期，国有企业是战略物资的主要提供者，国有企业是否强大决定战争能否取得胜利。在和平发展时期，国家的经济职能是维护国民经济稳定和促进国民经济发展，国有企业可以弥补市场调节的不足，尤其是解决公共产品投资不足的问题。

国有企业不仅是一种新的经济主体，更重要的是作为一种调控手段。“发挥国有经济主导作用，深化国有企业改革……培育具有全球竞争力的世界一流企业，推动国有资本做强做优做大”。国有企业的特殊职能决定了国有企业行为的方式和行为的范围与一般企业迥然有别。国有企业经营的范围是公共产品，如道路、邮政、电信等基础产业，这些领域一般投资大、资金回收周期长，私人企业不愿介入或无力介入。在经营中，国有企业不是以追求利润最大化为唯一目标，并且国有企业不能采取“灵活多样”的措施提高经济效益，同其他企业形态相比较，社会效益是国有企业行为的主要目标。

具体而言，国有企业的职能主要包括如下方面。

第一，基础服务职能。这是国有企业最基本、最重要的职能。其表现为两个方面：其一，承担国民经济发展所需的公用设施和基础设施的建设和经营任务。如铁路、航空、港口等。这些部门所需投资大、资金回收慢，同时这些行业是整个国民经济发展的基础，制约其他产业的发展，常常需要优先解决。其二，资源和能源的开发与利用。资源包括自然资源和社会资源。自然资源是自然界的产物，也是人类赖以生存和创造社会财富的物质基础。自然国有企业的经营可以保障产品提供的稳定性，维护资源利用的有序性以及促进资源开发与环境保护的协调性。凡具有社会属性的资源则称为“社会资源”，如劳动力、资金、科学技术、信息等，是国民经济发展的内在动力，是市场充满活力的客观条件。国家需要提供这些社会资源的开发利用条件，包括设立相关交易场所、采取鼓励措施等。

第二，引导开拓职能。各国解决国民经济结构调整、产业升级等问题，单靠市场自发调节以及民间企业的自发行动无法实现，因此需要由政府承担这一职能。引导开拓主要集中在两方面：其一，选择并带头发展一些支柱产业，如重化工、新能源等；其二，重大科学技术研究和开发。国家可以通过设立国有企业专攻某个战略工程，并以产业集群的方式带动其他相关产业的发展。

第三，对民营企业的维护和救助功能。这一职能并非社会化大生产发展的自然要求，而是在特殊时期发挥其特殊的作用。我国央行曾提出对陷入流动性困境中的证券公司实施救助的思路，即若被证监会、央行认定为需要国家救助的重组类证券公司，则由汇金公司或建银投资以股权或债权形式注资。

第四，经济调节和控制职能。历史上，由于生产力的迅速发展与其资本属性之间的矛盾日益加剧，要求承认生产的社会本性成为一种不可回避的趋势。恩格斯曾经指出：猛烈增长着的生产力对它的资本属性的这种反抗，要求承认它的社会本性的这种日益增长的必要性，社会的正式代表——国家终究不得不承担起对生产的领导。这一历史过程使得国家逐渐承担起经济调节和控制的职能，通过各种方式对经济进行干预和引导。政府对经济的调节和控制有很多种方法，通过国有企业达到上述目标的方式，主要包括：以国有企业控制金融机构实现金融稳定；以国有企业方式在落后地区或新经济区进行投资和经营引导；对部分商品实行国家专卖和专营等。

（三）我国国有企业的特殊性

我国国有企业作为中国特色社会主义市场经济的重要组成部分，具有独特的制度特征和运行机制。这种特殊性主要体现在其所有制形式、管理体制以及与国家经济政策和社会政策的紧密联系等方面。我国国有企业的所有制形式具有特殊性。国有企业的所有权归国家所有，由国家代表全民对其进行管理和控制。这种所有制形式决定了国有企业在经营管理中需要遵循国家的法律法规和政策规定，接受国家有关部门的监督和管理。同时国有企业的经营目标不仅包括经济效益，还包括社会效益和国家战略目标。因此国有企业在经营管理中需要兼顾经济效益和社会效益，既要追求利润最大化，又要履行社会责任和国家使命。与私营企业相比，国有企业的所有制形式使其在资源配置、市场竞争和战略决策中具有特殊的优势和局限。如国有企业可以依靠国家的支持和资源，承担重大工程和基础设施建设任务，为国家经济发展提供重要支撑；但同时国有企业在市场竞争中也面临体制性障碍和效率低下的问题。

我国国有企业的管理体制具有特殊性，我国国有企业实行以国家为主体的管理体制，国家通过政府部门和国有资产管理机构对国有企业进行管理和监督。如国务院国有资产监督管理委员会（国资委）作为国务院直属机构，负责统一监管和指导国有企业的经营管理。同时国有企业的管理层由国家任命和考核，企业的重大决策需要报国家有关部门审批。这种管理体制有助于确保国家对国有企业的控制力，但也导致行政干预和决策效率低下等问题。为了应对这些挑战，近年来我国国有企业管理体制改革不断深化，推动企业治理结构优化和市场化运作。如通过实施混合所有制改革，引入民营资本和外资，增强国有企业的市场竞争力和经营效率；通过建立现代企业制度，完善法人治理结构，提高企业的独立决策能力和运营效率。最后，我国国有企业与国家经济政策和社会政策的紧密联系具有特殊性。我国国有企业在国家经济和社会发展中扮演着重要角色，国家通过国有企业实施和落实一系列经济和社会政策。如在应对经济危机和调控经济运行方面，国家可以通过国有企业增加投资和生产，稳定经济增长；在扶贫攻坚和社会保障方面，国家可以通过国有企业提供就业机会和公共服务，促进社会和谐发展。这种政策联系使得国有企业在经营管理中需要兼顾经济效益和社会效益，既要追求利润最大化，又要履行社会责任和国家使命。具体来说，国有企业在基础设施建设、能源开发、交通运输等关键领域发挥着支柱作用，通过承担国家重大工程和项目，推动经济发展和技术进步；在社会保障、医疗卫生、教育文化等公共服务领域，国有企业积极参与和支持，为提高人民生活质量和社会福利水平作出重要贡献。此外，国有企业还在应对重大突发事件和维护国家安全方面发挥关键作用，如在抗击自然灾害、应对公共卫生危机等方面，国有企业展现了强大的动员能力和社会责任感。

总之，国有经济的地位和作用，主要取决于其配置的合理性，而不取决于它的数量和规模。世界各国国有企业发展经验证明，确定国有企业占据的行业和领域是国有企业结构调整的最重要问题之一。这也是国有企业作为经济法典型主体的理由。

二、国有企业的特别调整措施

国有企业作为我国经济发展的重要支柱，在实现国家经济战略目标和社会政策方面发挥着不可替代的作用。为了适应经济体制改革和市场经济发展的需要，我国对国有企业实施了一系列特别调整措施。这些措施旨在增强国有企业的市场竞争力，提高其管理和运营效率，促进国有企业的改革与发展。现将探讨国有企业的特别调整措施，分析其在实践中的效果和面临的挑战。

（一）国有企业产权改革

国有企业产权改革是我国经济体制改革的重要组成部分。通过产权改革，国有企业的所有权结构得以优化，治理结构得以完善，从而提高企业的市场竞争力和经营效率。

一是股份制改革是国有企业产权改革的重要方式。股份制改革通过引入股份制，将国有企业的资产转化为股份，使企业的所有权和经营权分离。这样，企业可以通过公开发行股票筹集资金，优化资本结构，增强市场竞争力。股份制改革不仅可以改善国有企业的治理结构，还可以吸引社会资本参与企业的经营管理，促进企业的市场化运作。如中国石油化工股份有限公司（中石化）和中国石油天然气股份有限公司（中石油）等大型国有企业，通过股份制改革实现了股份制改造和上市，取得了显著成效。

二是混合所有制改革是国有企业产权改革的另一重要途径。混合所有制改革通过引入民营资本和外资，使国有企业的所有权结构更加多元化，增强企业的市场竞争力。混合所有制改革可以实现国有资本与非国有资本的优势互补，促进企业的技术创新和管理提升。如联通集团通过引入民营资本，实行混合所有制改革，增强了企业的市场竞争力和创新能力。此外，混合所有制改革还可以通过股份合作、战略合作等方式，吸引外资参与国有企业的经营管理，提升企业的国际竞争力。

三是产权交易市场的建设为国有企业产权改革提供了重要平台，通过建立规范的产权交易市场，可以实现国有企业资产的公开、公正和透明交易，促进产权流动和优化配置。如北京产权交易所、上海联合产权交易所等产权交易平台，通过提供专业化的产权交易服务，推动了国有企业产权改革的深入发展。产权交易市场不仅可以提高国有企业资产的利用效率，还可以为企业的重组、并购和改制提供便利，促进国有企业的市场化运作。

（二）国有企业管理体制改革

国有企业管理体制改革是提高企业运营效率和市场竞争力的重要措施，通过管理体制改革，可以完善企业的治理结构，优化管理流程，提升企业的经营管理水平。

一是企业法人治理结构改革是国有企业管理体制改革的关键。通过建立现代企业制度，完善企业的法人治理结构，可以实现所有权和经营权的分离，提升企业的管理水平和运营效率。具体而言，企业法人治理结构改革主要包括以下几个方面：建立健全董事会、监事会和经理层的治理结构，明确各自的职责和权利，形成权责明确、相互制衡的治理体系；完善董事会的运作机制，增强其决策的科学性和有效性，如引入独立董事制度，提升董事会的专业水平和独立性；最后强化监事会的监督职能，确保企业的经营管理活动符合国家法律法规和企业章程的规定，防范和化解经营风险。

二是人事制度改革是国有企业管理体制改革的重要内容。通过建立科学合理的人才选拔、培养和激励机制，可以激发员工的积极性和创造力，提升企业的核心竞争力。人事制度改革主要包括以下几个方面：建立公开、公平、公正的人才选拔机制，通过竞争上岗、公开招聘等方式选拔优秀人才，提升企业的人才队伍素质；完善员工的培训和职业发展体系，通过多渠道、多层次的培训和发展机会，提高员工的专业素养和管理能力；最后建立科学合理的绩效考核和薪酬激励机制，根据员工的工作绩效和贡献，制定差异化的薪酬和激励政策，激发员工的工作热情和创新动力。

三是运营管理体制改革是提升国有企业市场竞争力和运营效率的重要措施。通过优化企业的管理流程和运营机制，可以提高企业的资源配置效率和市场反应能力。运营管理体制改革主要包括以下几个方面：优化企业的内部管理流程，通过信息化和智能化手段提升管理效率，如引入企业资源计划（ERP）系统，提高企业的资源管理和调度能力；提升企业的市场化运营水平，通过市场化手段进行资源配置和业务运作，如推行市场化采购、市场化销售等，提高企业的市场竞争力；最后强化企业的风险管理和内控机制，通过建立完善的风险管理体系和内控机制，防范和化解企业经营中的各类风险，确保企业的持续健康发展。

（三）国有企业市场化改革

国有企业市场化改革是提高企业市场竞争力和经营效率的重要举措，通过市场化改革，可以增强企业的自主经营和市场适应能力，提升企业的经济效益和社会效益。

一是市场化经营机制建设是国有企业市场化改革的核心内容。通过建立市场化的经营机制，可以提升企业的市场反应能力和经营效率。具体而言，市场化经营机制建设主要包括以下几个方面：建立市场化的经营决策机制，赋予企业自主决策权，增强企业的自主经营能力；推行市场化的经营模式，通过市场化手段进行资源配置和业务运作，提高企业的市场竞争力和运营效率；最后建立市场化的绩效考核和激励机制，根据市场需求和企业经营绩效，制定科学合理的考核和激励政策，激发企业的创新动力和市场活力。

二是产业结构优化和调整。产业结构优化和调整是国有企业市场化改革的重要内容。通过优化和调整产业结构，可以提升企业的市场竞争力和经济效益。产业结构优化和调整主要包括以下几个方面：优化产业布局和结构，集中资源发展优势产业和核心业务，提升企业的市场竞争力和经济效益；推进产业升级和技术创新，通过引进先进技术和管理经验，提升企业的技术水平和创新能力；最后实施产业整合和重组，通过兼并重组、资产整合等方式，优化资源配置，提高企业的经营效率和市场竞争力。

三是市场化竞争环境建设。市场化竞争环境建设是推动国有企业市场化改革的重要保障。通过建立公平、透明、开放的市场竞争环境，可以促进国有企业的市场化改革和健康发展。市场化竞争环境建设主要包括以下几个方面：建立公平竞争的市场秩序，打破行业垄断和市场壁垒，促进市场竞争和资源优化配置；完善市场监管和法律体系，加强对市场行为的监管和法律保护，保障市场主体的合法权益；最后推动市场开放和国际化，通过参与国际竞争和合作，提升国有企业的国际竞争力和影响力。

国有企业作为我国经济发展的重要支柱，在实现国家经济战略目标和社会政策方面发挥着不可替代的作用。为了适应经济体制改革和市场经济发展的需要，我国对国有企业实施了一系列特别调整措施。通过产权改革、管理体制改革和市场化改革，国有企业的所有权结构、治理结构、经营管理水平和市场竞争力得到了显著提升。国有企业的特别调整措施不仅优化了企业的资源配置和经营效率，还促进了产业结构调整和技术创新，提升了企业的市场竞争力和经济效益。理解和把握国有企业的特别调整措施，对于全面认识其在国家经济和社会发展中的地位和作用，推动国有企业的改革和发展具有重要意义。在未来的发展中，国有企业将继续深化改革，优化治理结构，提高市场竞争力，进一步发挥其在国家经济和社会发展中的重要作用。通过不断完善和创新，国有企业将为实现国家经济和社会发展的目标贡献更大力量，推动中国经济持续健康发展，促进社会和谐稳定。

三、我国国有企业的治理

国有企业的治理是其健康发展和实现国家战略目标的重要保障，科学合理的治理结构和治理机制不仅能提升国有企业的经营管理水平，还能促进其市场竞争力和经济效益的提高。我国国有企业的治理主要包括公司治理结构的优化、监督机制的完善以及激励机制的建立。现详细探讨这三个方面，分析我国国有企业治理的现状、挑战和未来发展方向。

（一）公司治理结构的优化

我国国有企业的公司治理结构是其治理体系的核心，优化公司治理结构是提高国有企业治理水平的重要手段。公司治理结构的优化主要包括以下几个方面。

一是完善董事会制度是优化公司治理结构的关键。董事会是公司治理的核心机构，负责公司的重大决策和监督管理。为了提升董事会的独立性和专业性，我国国有企业在董事会制度建设方面采取了一系列措施。增加独立董事的比例。独立董事作为公司外部人员，能够独立于管理层和控股股东，对公司重大决策进行独立判断，从而增强董事会的独立性和客观性。提升董事会成员的专业素养。通过引入具有丰富管理经验和专业知识的外部专家担任董事，提升董事会的专业性和决策水平。最后，完善董事会的运作机制。通过制定和完善董事会议事规则和工作流程，确保董事会的决策过程透明、公正和高效。

二是强化监事会职能是优化公司治理结构的重要方面。监事会作为公司内部监督机构，负责监督董事会和管理层的行为，防止内部人控制和利益输送。为了增强监事会的监督效能，我国国有企业在监事会制度建设方面采取了一系列措施。增强监事会的独立性。通过选举独立监事和职工监事，保证监事会成员不受董事会和管理层的干预，能够独立履行监督职责。提升监事会的专业性。通过引入具有审计、财务、法律等专业背景的人员担任监事，提升监事会的专业素养和监督能力。最后，完善监事会的运作机制。通过制定和完善监事会议事规则和工作流程，确保监事会的监督过程透明、公正和高效。

三是健全经理层治理机制是优化公司治理结构的重要内容，经理层作为公司的执行机构，负责公司日常经营管理，如何规范和监督经理层的行为是公司治理的重要环节。为了健全经理层治理机制，我国国有企业在经理层制度建设方面采取了一系列措施。明确经理层的职责和权限。通过制定和完善公司章程和经理层工作规则，明确经理层的职责范围和权限界限，防止越权行为和决策失误。建立经理层的绩效考核和激励机制。通过制定科学合理的绩效考核指标和薪酬激励政策，激发经理层的工作热情和创新动力，提升企业的经营效率和市场竞争力。最后，完善经理层的监督机制。通过加强内部审计和外部监督，防范和化解经理层在经营管理中的各类风险，确保企业的持续健康发展。

（二）监督机制的完善

监督机制是确保国有企业健康发展的重要保障，完善监督机制不仅能防范和化解企业经营中的各类风险，还能提高企业的透明度和公信力，促进企业的规范化运作。

首先，建立和完善内部监督机制是提高国有企业治理水平的重要措施。内部监督机制主要包括内部审计、财务监督和法律监督等方面。强化内部审计职能。通过建立独立的内部审计部门，对企业的财务状况、经营活动和内部控制进行全面审查，发现和纠正经营中的问题和风险。加强财务监督。通过建立健全财务管理制度和财务报告制度，确保财务信息的真实、准确和完整，提高财务透明度和公信力。最后完善法律监督机制。通过建立企业法律顾问制度和合规管理体系，确保企业的经营活动符合法律法规和内部规章，防范法律风险和合规风险。

其次，加强外部监督是完善国有企业监督机制的重要方面，外部监督主要包括政府监管、社会监督和市场监督等方面。加强政府监管。政府作为国有企业的出资人和监管者，应通过制定和实施一系列法律法规和监管政策，对国有企业的经营活动进行有效监管，确保企业的经营行为符合法律法规和国家政策。增强社会监督。通过加强信息披露，增加企业透明度，接受社会公众和媒体的监督，防止企业内部的腐败和违法行为。然后促进市场监督。通过引入市场竞争机制，提升企业的市场化运作水平，增强市场主体的监督和制约作用，提高企业的市场竞争力和经营效率。

最后，完善内部控制制度是提高国有企业治理水平的重要手段。内部控制制度是企业防范和控制经营风险的重要保障，通过建立和完善内部控制制度，可以提高企业的经营管理水平，确保企业的持续健康发展。具体而言，完善内部控制制度主要包括以下几个方面：一是建立和完善企业内部控制体系。通过制定和实施内部控制制度，对企业的各项经营活动进行全面控制，防范和化解各类经营风险。二是加强内部控制的执行和监督。通过建立内部控制执行和监督机制，确保内部控制制度的有效实施和持续改进。然后提升内部控制的专业性和科学性。通过引入先进的内部控制理念和方法，提升内部控制的科学性和有效性，提高企业的经营管理水平。

（三）激励机制的建立

激励机制是提升国有企业经营效率和市场竞争力的重要手段，通过建立科学合理的激励机制，可以激发员工的积极性和创造力，提升企业的核心竞争力。一是建立科学的绩效考核制度是提高国有企业经营效率的重要措施。绩效考核制度通过对员工的工作表现进行科学评价，激发员工的工作热情和创新动力，提高企业的经营效率。具体而言，建立科学的绩效考核制度主要包括以下几个方面。

首先，制定科学合理的绩效考核指标。通过引入先进的绩效管理理念和方法，根据企业的经营目标和发展战略，制定科学合理的绩效考核指标，确保绩效考核的公正性和有效性。建立完善的绩效考核体系。通过制定和实施绩效考核制度，对员工的工作表现进行全面考核和评价，确保绩效考核的透明性和公正性。然后实施绩效考核结果的反馈和改进。通过对绩效考核结果进行及时反馈，发现和纠正工作中的问题和不足，促进员工的持续改进和发展。

其次，完善薪酬激励机制是提升国有企业市场竞争力的重要手段。薪酬激励机制通过对员工的工作表现进行合理激励，激发员工的工作热情和创新动力，提高企业的市场竞争力。具体而言，完善薪酬激励机制主要包括以下几个方面：建立科学合理的薪酬体系。通过引入先进的薪酬管理理念和方法，根据企业的经营目标和发展战略，制定科学合理的薪酬体系，确保薪酬激励的公正性和有效性。实施差异化的薪酬激励政策。根据员工的工作表现和贡献，制定差异化的薪酬激励政策，激发员工的工作热情和创新动力。然后建立长效的激励机制。通过制定和实施长期激励政策，如股票期权、利润分享等，增强员工的归属感和忠诚度，提升企业的市场竞争力和经营效率。

最后，强化员工培训与职业发展是提升国有企业核心竞争力的重要举措。通过建立完善的员工培训与职业发展体系，可以提高员工的专业素养和管理能力，增强企业的核心竞争力。具体而言，强化员工培训与职业发展主要包括以下几个方面：一是建立完善的员工培训体系。通过制订和实施员工培训计划，对员工进行系统的专业知识和技能培训，提高员工的专业素养和管理能力。二是提供多样化的职业发展机会。通过提供多样化的职业发展机会，如职位晋升、轮岗交流等，帮助员工实现职业发展目标，增强员工的归属感和忠诚度。最后，建立完善的职业发展体系。通过制订和实施职业发展规划，帮助员工制订职业发展目标和计划，提供职业发展支持和指导，促进员工的持续发展和进步。

我国国有企业的治理是其健康发展和实现国家战略目标的重要保障。通过公司治理结构的优化、监督机制的完善以及激励机制的建立，我国国有企业的治理水平得到了显著提升。公司治理结构的优化通过完善董事会制度、强化监事会职能和健全经理层治理机制，提高了企业的治理效率和经营管理水平；监督机制的完善通过建立和完善内部监督机制、加强外部监督和完善内部控制制度，增强了企业的透明度和公信力；激励机制的建立，通过建立科学的绩效考核制度、完善薪酬激励机制和强化员工培训与职业发展，激发了员工的积极性和创造力，提升了企业的核心竞争力。理解和把握我国国有企业的治理，有助于全面认识其在国家经济和社会发展中的地位和作用，为国有企业的改革和发展提供理论依据和实践指导。在未来的发展中，我国国有企业将继续深化治理改革，优化治理结构，提高治理水平，进一步发挥其在国家经济和社会发展中的重要作用。通过不断完善和创新，国有企业将为实现国家经济和社会发展的目标贡献更大力量，推动中国经济持续健康发展，促进社会和谐稳定。

第二节　消费者权益保护法

一、消费者的含义和范围

消费者权益保护法是为了保障消费者的合法权益，维护社会经济秩序而制定的法律。消费者作为市场经济中的重要主体，其权利和利益在法律中得到明确的保护和保障。理解消费者的含义和范围，对于全面掌握消费者权益保护法的理论和实践具有重要意义。现从消费者的定义、范围、特征和法律地位四个方面探讨之。

（一）消费者的定义

消费者的定义是消费者权益保护法的基础，消费者一般是指为个人消费需要购买、使用商品或接受服务的自然人，这一定义明确了消费者在市场经济中的角色和地位，也为法律保护消费者权益提供了基础。

一是消费者与其他市场主体的区别主要体现在消费目的和行为特征上。消费者的消费行为是为了满足个人或家庭的生活需求，而不是为了生产经营目的。这一消费目的决定了消费者在市场交易中处于相对弱势地位，需要法律的特别保护。而其他市场主体，如生产者、经营者等，其行为目的是为了生产经营，获取经济利益，因而在市场交易中具有较强的谈判能力和信息优势。消费者在市场交易中往往处于信息不对称的地位。由于消费者缺乏专业知识和市场信息，容易受到生产者和经营者的不公平对待。如消费者在购买商品时，难以判断商品的质量和安全性，而生产者和经营者则掌握着更多的商品信息，容易利用信息优势进行不正当竞争和欺诈行为。因此消费者需要通过法律手段获得信息披露和公平交易的保障。

消费者的消费行为具有单一性和分散性，消费者的消费需求多种多样，消费行为也具有很大的个体差异，这种消费行为的单一性和分散性，使得消费者在市场中处于分散、孤立的地位，难以形成有效的组织和力量与生产者、经营者进行对抗和谈判。因此消费者需要通过法律手段获得组织和集体维权的支持，提升其在市场中的地位和影响力。

二是消费者的权益特点主要体现在其权利的广泛性和特殊性，消费者的权益不仅包括财产权益，还包括人身权益、精神权益等多方面内容。如消费者在购买商品或接受服务时，不仅要保障其财产安全，还要保障其人身安全和健康权益。同时消费者在享受商品和服务时，还需要获得公平交易的权利、知情权、选择权等多方面的权利保障。这些权益特点决定了消费者权益保护法需要覆盖广泛的法律领域，提供全面的法律保障。

消费者的权益具有特殊性，主要体现在其权利的弱势性和依赖性。消费者在市场交易中处于相对弱势地位，其权益容易受到侵害。如消费者在购买商品时，容易受到假冒伪劣商品的侵害；在接受服务时，容易受到虚假宣传和欺诈行为的侵害。因此消费者的权益需要通过法律手段获得特别的保护和支持。同时消费者的权益具有依赖性，主要体现在其对生产者和经营者的依赖上。消费者在消费过程中，需要依赖生产者和经营者提供的信息和服务，才能做出正确的消费决策。因此消费者的权益需要通过法律手段获得信息披露和公平交易的保障。

三是消费者的法律地位是指其在法律体系中的特殊地位和权利。消费者作为市场经济中的重要主体，其法律地位在消费者权益保护法中得到了明确和保障。如消费者在购买商品或接受服务时，享有知情权、选择权、公平交易权等多方面的权利。这些权利的保障，不仅维护了消费者的合法权益，还促进了市场经济的健康发展。同时消费者的法律地位还体现其在法律纠纷中的特殊地位。消费者在遭受权益侵害时，可以通过法律手段获得救济和赔偿。如消费者可以通过投诉、仲裁、诉讼等法律途径维护自身的合法权益，追究侵权行为的法律责任。

（二）消费者的范围

消费者的范围是指在法律中被认定为消费者的主体范围，明确消费者的范围，有助于准确界定消费者权益保护的对象，提升法律的可操作性和实效性。

一是个人消费者是指为满足个人或家庭生活需要而购买、使用商品或接受服务的自然人。个人消费者是消费者权益保护法的主要保护对象，其消费行为直接关系个人和家庭的生活质量和安全。如个人消费者在购买食品、药品、家电等商品时，其权益需要得到特别的保护和保障。个人消费者的权益保护，既关系其个人生活质量的提升，也关系社会的和谐和稳定。因此消费者权益保护法对个人消费者的权益保护提供了全面的法律保障和支持。

二是家庭消费者是指以家庭为单位进行消费活动的主体。家庭消费者的消费行为涉及家庭成员的共同生活和福利，因此其权益保护具有特殊的重要性。如家庭消费者在购买住房、家庭用车、家用电器等大宗商品时，其权益需要得到特别的保护和保障。家庭消费者的权益保护，不仅关系家庭成员的生活质量和安全，也关系家庭的和谐和幸福。因此消费者权益保护法对家庭消费者的权益保护提供了全面的法律保障和支持。

三是特殊消费者群体是指在消费过程中处于特殊弱势地位，需要特别保护的消费者群体。这些特殊消费者群体包括老年人、未成年人、残疾人等。由于这些消费者群体在消费过程中存在认知能力、判断能力和抗风险能力等方面的不足，其权益容易受到侵害。因此消费者权益保护法对特殊消费者群体提供了特别的法律保护和支持。如对于老年消费者，法律规定了特别的保护措施，如防止老年人被骗、保障其生活安全和健康权益等；对于未成年人，法律规定了禁止销售危害未成年人健康的商品和服务，保障其健康成长的权利；对于残疾人，法律规定了提供无障碍服务和便利设施，保障其平等参与社会生活的权利。

四是消费者组织是指为保护消费者权益而设立的社会团体。消费者组织作为消费者权益保护的重要力量，具有组织消费者维权、宣传消费者权益、监督市场行为等多方面的职能。如中国消费者协会作为全国性的消费者组织，通过开展消费者权益保护宣传活动、受理消费者投诉、参与立法和执法监督等方式，维护消费者的合法权益。消费者组织的存在和发展，为消费者权益保护提供了有力的组织保障和社会支持。

（三）消费者的特征

消费者的特征是指其在消费行为和权益保护方面的特殊性。这些特征决定了消费者在市场交易中的地位和权益，也为消费者权益保护法的制定和实施提供了理论依据。

一是消费者在市场交易中处于相对弱势地位，其权益容易受到侵害。消费者的弱势性主要体现在信息不对称、谈判能力不足和法律意识薄弱等方面。如消费者在购买商品时，难以判断商品的质量和安全性，而生产者和经营者则掌握着更多的商品信息，容易利用信息优势进行不正当竞争和欺诈行为。因此消费者需要通过法律手段获得信息披露和公平交易的保障。

二是消费者的消费需求多种多样，消费行为具有很大的个体差异。这种消费行为的多样性决定了消费者在市场中处于分散、孤立的地位，难以形成有效的组织和力量与生产者、经营者进行对抗和谈判。如消费者在购买食品、药品、家电等商品时，其需求和偏好各不相同，难以通过集体力量进行统一的维权。因此消费者需要通过法律手段获得组织和集体维权的支持，提升其在市场中的地位和影响力。

三是消费者在消费过程中需要依赖生产者和经营者提供的信息和服务，才能做出正确的消费决策。消费者的依赖性主要体现在其对商品和服务的选择、使用和评价等方面。如消费者在购买商品时，需要依赖生产者和经营者提供的商品信息和服务承诺，才能判断商品的质量和适用性。如果生产者和经营者提供虚假信息或不履行服务承诺，消费者的权益将受到严重侵害。因此消费者需要通过法律手段获得信息披露和公平交易的保障，减少其在消费过程中的依赖风险。

四是消费者的权益不仅包括财产权益，还包括人身权益、精神权益等多方面内容。消费者的权益广泛性决定了消费者权益保护法需要覆盖广泛的法律领域，提供全面的法律保障。如消费者在购买商品或接受服务时，不仅要保障其财产安全，还要保障其人身安全和健康权益。同时消费者在享受商品和服务时，还需要获得公平交易的权利、知情权、选择权等多方面的权利保障。这些广泛的权益保护，不仅关系消费者个人的生活质量和安全，也关系社会的和谐和稳定。

（四）消费者的法律地位

消费者的法律地位是指其在法律体系中的特殊地位和权利。消费者作为市场经济中的重要主体，其法律地位在消费者权益保护法中得到了明确和保障。

一是消费者在购买商品或接受服务时，享有知情权、选择权、公平交易权等多方面的权利。这些权利的保障，不仅维护了消费者的合法权益，还促进了市场经济的健康发展。如消费者的知情权是指消费者有权了解商品和服务的真实信息，做出理性的消费决策。生产者和经营者有义务向消费者提供真实、准确、全面的信息，不能隐瞒或虚假宣传。消费者的选择权是指消费者有权自主选择商品和服务，生产者和经营者不得以任何方式干涉或限制消费者的选择。消费者的公平交易权是指消费者有权在公平的条件下进行交易，生产者和经营者不得进行欺诈、胁迫或不正当竞争行为。

二是消费者权益保护法通过一系列法律措施，保障消费者的合法权益。这些法律措施包括投诉处理、行政处罚、民事赔偿等。如消费者在购买商品或接受服务时，如果发现权益受到侵害，可以向消费者权益保护组织或政府有关部门投诉，要求调查处理。行政机关可以对侵权行为进行查处，依法进行行政处罚。消费者还可以通过民事诉讼，要求侵权人承担民事责任，赔偿损失。通过这些法律措施，消费者的权益得到了有效的保护。

三是随着市场经济的发展和消费者权益保护意识的增强，消费者的法律地位得到了显著提升。如近年来我国在消费者权益保护方面不断完善立法，出台了一系列法律法规和政策文件，加强了对消费者权益的保护。如《中华人民共和国消费者权益保护法》的修订和实施，为消费者权益保护提供了更加全面和有力的法律保障。同时消费者权益保护组织的发展和壮大，也为消费者权益保护提供了强有力的支持。如中国消费者协会通过开展消费者权益保护宣传活动、受理消费者投诉、参与立法和执法监督等方式，维护消费者的合法权益。

四是国际消费者权益保护的发展和进步，对我国消费者权益保护产生了积极影响。如联合国发布的《消费者保护准则》对全球消费者权益保护起到了重要的指导作用。我国在借鉴国际先进经验的基础上，不断完善消费者权益保护法律体系，加强国际合作，提升消费者权益保护水平。如我国加入了国际消费者保护与执法网络（ICPEN），积极参与国际消费者权益保护合作，与各国共同应对跨境消费纠纷和欺诈行为。

消费者的含义和范围是消费者权益保护法的基础和核心，通过对消费者的定义、范围、特征和法律地位的分析，可以全面理解和掌握消费者在市场经济中的角色和地位。消费者作为市场经济中的重要主体，其权利和利益在法律中得到了明确保护和保障。消费者的弱势性、多样性、依赖性和权益广泛性决定了消费者权益保护法需要提供全面的法律保障。通过建立和完善消费者权益保护法律体系，保障消费者的知情权、选择权、公平交易权等基本权利，可以有效维护消费者的合法权益，促进市场经济的健康发展。理解和把握消费者的含义和范围，对于全面掌握消费者权益保护法的理论和实践具有重要意义。

二、消费者权利与经营者义务

消费者权益保护法旨在保护消费者的合法权益，维护市场经济秩序，在这一法律框架下，消费者享有一系列权利，而经营者则须履行相应的义务。明确消费者的权利与经营者的义务，有助于保障交易双方的公平与正义，促进市场的健康发展，现详细探讨消费者权利与经营者义务的五个主要方面。

（一）消费者的知情权与经营者的信息披露义务

消费者的知情权是指消费者有权了解其购买、使用的商品或接受服务的真实信息，经营者的信息披露义务是指经营者必须向消费者提供真实、准确、完整的信息，以帮助消费者做出明智的消费决策。

一是消费者的知情权是其做出合理消费决策的前提。知情权的重要性在于，它确保消费者在充分了解商品或服务的质量、性能、用途和售后服务等信息后，能够做出理性选择。如在购买电子产品时，消费者需要了解产品的技术参数、功能特性、使用方法和售后保障等信息，才能判断该产品是否符合其需求。

二是经营者的信息披露义务不仅包括商品或服务的基本信息，还包括任何影响消费者决策的关键信息。如食品的成分表、药品的副作用提示、汽车的安全性能报告等，都是消费者在购买时需要了解的重要信息。经营者应确保这些信息的真实性和完整性，避免任何形式的虚假宣传和误导。

三是经营者应通过多种方式和渠道向消费者披露信息，以确保信息的可获得性和易理解性。如商品标签、产品说明书、官方网站、广告宣传等，都是常见的信息披露渠道。经营者应确保这些信息披露方式简洁明了，避免使用专业术语或复杂表述，需要使消费者能够轻松理解。

四是法律对信息披露提出了严格要求，并对虚假信息披露行为进行严厉惩处。如《中华人民共和国消费者权益保护法》明确规定，经营者提供的商品或者服务应当真实、准确、全面，禁止虚假宣传和欺诈行为。违法经营者将面临行政处罚、民事赔偿甚至刑事责任。

五是，信息不对称是市场交易中常见的问题，消费者往往处于信息劣势地位。经营者通过履行信息披露义务，可以减少信息不对称，保护消费者权益。政府和消费者权益保护组织也应积极推动信息公开和透明化，提高消费者的知情权保障水平。

（二）消费者的选择权与经营者的公平竞争义务

消费者的选择权是指消费者有权在多种商品和服务中自主选择符合其需求的商品或服务，经营者的公平竞争义务是指经营者应遵循公平竞争的原则，不得通过不正当手段排挤竞争对手，损害消费者的选择权。

一是消费者的选择权是市场经济的基本特征和重要标志。选择权的重要性在于，它确保消费者能够在充分比较商品或服务的质量、价格、性能等因素后，选择最符合其需求的商品或服务。如在超市购物时，消费者可以根据自己的需求和偏好，自主选择不同品牌和种类的食品和日用品。

二是经营者应遵循公平竞争的原则，通过合法手段争取市场份额，而不是通过垄断、价格操纵、虚假宣传等不正当手段排挤竞争对手。如经营者不得通过低价倾销、捆绑销售、限制交易等手段损害市场公平竞争，影响消费者的选择权。

三是法律对公平竞争提出了明确要求，并对不正当竞争行为进行严厉打击。如《中华人民共和国反不正当竞争法》明确规定，禁止经营者采用虚假宣传、商业贿赂、商业诋毁等不正当手段进行竞争。违法经营者将面临行政处罚、民事赔偿甚至刑事责任。

四是消费者的选择权有助于提高市场效率和资源配置效率。通过选择权，消费者能够激励经营者不断提高产品和服务质量，降低成本，创新技术，从而推动市场的良性竞争和发展。如消费者选择购买某品牌的手机，会激励其他品牌提高手机性能和质量，以争取市场份额。

五是，政府和消费者权益保护组织应采取积极措施，保护消费者的选择权。如政府可以通过制定和实施反垄断法、加强市场监管、打击不正当竞争行为等措施，保障市场公平竞争，维护消费者的选择权。消费者权益保护组织可以通过提供消费信息、开展比较测试、受理消费者投诉等方式，帮助消费者做出明智选择。

（三）消费者的安全权与经营者的产品安全义务

消费者的安全权是指消费者在购买、使用商品或接受服务时，有权得到人身和财产安全的保障。经营者的产品安全义务是指经营者应确保其提供的商品和服务符合国家安全标准，不存在危及消费者安全的隐患。

一是消费者的安全权是其基本权利之一，安全权的重要性在于它直接关系消费者的人身和财产安全。如消费者在购买食品时，有权得到无毒无害、符合卫生标准的食品保障；在购买家电产品时，有权得到符合国家安全标准、不存在漏电等安全隐患的产品保障。

二是经营者应确保其提供的商品和服务符合国家安全标准和要求。如食品安全法、产品质量法等法律法规对各类商品和服务的安全性提出了明确要求，经营者应严格遵守这些标准和要求，确保产品和服务的安全性。

三是经营者应通过专业的检测和认证机构对其产品进行安全检测和认证，确保产品符合国家安全标准。如电器产品应通过国家强制性认证（CCC认证），食品应通过卫生部门的检测和认证，药品应通过药品监督管理部门的审批和认证。

四是经营者应向消费者披露产品和服务的安全信息，并提供必要的警示说明。如家电产品应附有使用说明书和安全警示标志，食品应标明成分、保质期和储存条件，药品应附有使用说明书和副作用提示。经营者应确保这些信息真实、准确、完整，帮助消费者了解产品的安全性和正确使用方法。

五是，经营者应对产品安全事故进行及时处理和赔偿，保障消费者的合法权益。如经营者应建立完善的产品召回制度，对存在安全隐患的产品进行及时召回和处理，防止事故发生。同时经营者应对因产品安全问题给消费者造成的损失进行赔偿，确保消费者的合法权益得到有效保护。

（四）消费者的公平交易权与经营者的诚信经营义务

消费者的公平交易权是指消费者在市场交易中有权享受公平、公正的交易条件。经营者的诚信经营义务是指经营者应遵循诚实信用原则，不得通过欺诈、胁迫等手段损害消费者的合法权益。

一是消费者的公平交易权是市场经济的基本原则之一，公平交易权的重要性在于它保障了消费者在市场交易中的合法权益。如消费者在购买商品时，有权得到公平合理的价格和交易条件，经营者不得通过虚假宣传、价格欺诈等手段损害消费者的合法权益。

二是经营者应遵循诚实信用原则，诚信经营，通过提供真实、准确的信息和优质的服务，赢得消费者的信任和支持。如经营者应确保商品的质量和性能符合宣传和承诺，不得通过虚假宣传和欺诈行为误导消费者。

三是法律对公平交易提出了明确要求，并对不诚信经营行为进行严厉打击。如《中华人民共和国反不正当竞争法》和《中华人民共和国消费者权益保护法》对虚假宣传、价格欺诈、商业诋毁等不诚信行为进行了明确规定，并提出对违法经营者进行严厉处罚。

四是公平交易权的保障有助于维护市场秩序和促进市场健康发展。通过公平交易权，消费者能够在公平的交易条件下进行消费选择，促进经营者之间的公平竞争和市场创新。如消费者在选择购买某品牌的产品时，能够通过比较不同品牌的质量和价格，做出合理决策，促进市场的良性竞争和发展。

五是，政府和消费者权益保护组织应采取积极措施，保护消费者的公平交易权。如政府可以通过加强市场监管、打击不诚信经营行为、制定和实施相关法律法规等措施，保障市场交易的公平性。消费者权益保护组织可以通过提供消费信息、受理消费者投诉、开展消费教育等方式，帮助消费者了解和维护其公平交易权。

（五）消费者的求偿权与经营者的赔偿义务

消费者的求偿权是指消费者在权益受到侵害时，有权要求经营者进行赔偿。经营者的赔偿义务是指经营者应对其提供的商品或服务存在的问题或缺陷，给消费者造成的损失进行赔偿。

一是消费者的求偿权是其基本权利之一，求偿权的重要性在于它保障了消费者在权益受到侵害时的救济途径。如消费者在购买到假冒伪劣商品或接受不合格服务时，有权要求经营者进行赔偿，以弥补其经济损失和精神损害。

二是经营者的赔偿义务包括对消费者的财产损失、人身损害和精神损害进行赔偿。如消费者在使用不合格产品导致财产损失时，经营者应按照实际损失进行赔偿；消费者在接受不合格服务导致人身伤害时，经营者应承担医疗费用和误工损失；消费者在遭受欺诈行为导致精神损害时，经营者应承担精神损害赔偿。

三是法律对消费者的求偿权和经营者的赔偿义务提出了明确规定。如《中华人民共和国消费者权益保护法》明确规定，经营者应对其提供的商品或服务存在的问题或缺陷，给消费者造成的损失进行赔偿。消费者可以通过投诉、仲裁、诉讼等法律途径，要求经营者承担赔偿责任。

四是建立健全的赔偿机制是保障消费者求偿权的重要手段。如经营者应建立完善的售后服务体系，对消费者的投诉和求偿请求进行及时处理和回应。政府和消费者权益保护组织应建立健全的投诉处理机制和纠纷解决机制，帮助消费者解决消费纠纷，维护其合法权益。

五是增强消费者的维权意识是保障其求偿权的重要途径。如通过开展消费教育和宣传活动，提高消费者的法律意识和维权能力，使其能够在权益受到侵害时，及时采取法律手段维护自身权益。消费者权益保护组织可以通过提供法律咨询和援助，帮助消费者了解和行使其求偿权，保障其合法权益。

消费者权利与经营者义务是消费者权益保护法的核心内容。通过明确消费者的知情权、选择权、安全权、公平交易权和求偿权，以及经营者的信息披露义务、公平竞争义务、产品安全义务、诚信经营义务和赔偿义务，可以有效保障消费者的合法权益，促进市场的健康发展。消费者作为市场经济的重要主体，其权利和利益在法律中得到全面的保护和保障。经营者作为市场经济的另一重要主体，其义务和责任在法律中得到明确规定。通过建立和完善消费者权益保护法律体系，保障消费者的基本权利和经营者的基本义务，可以有效维护市场的公平与正义，推动经济的持续健康发展。理解和把握消费者权利与经营者义务，对于全面掌握消费者权益保护法的理论和实践具有重要意义。

第三节　中小企业促进法

一、中小企业的概念

中小企业在国民经济中具有重要地位和作用。作为经济主体之一，中小企业不仅是推动经济增长的重要力量，也是创新和就业的重要来源。中小企业促进法的制定和实施，旨在为中小企业的发展提供法律保障和政策支持。理解中小企业的概念，是研究中小企业促进法的基础和前提。现从以下四个方面探讨中小企业的概念：中小企业的定义和分类、中小企业的法律地位和特征、中小企业的发展现状及其在经济中的作用。

（一）中小企业的定义和分类

中小企业的定义和分类是研究中小企业促进法的基础。中小企业的定义通常包括企业规模、员工数量、资产总额和营业收入等多个方面的指标。

一是根据企业规模的不同，中小企业可以分为微型企业、小型企业和中型企业。微型企业通常是指员工人数少于10人，资产总额和营业收入较低的企业。小型企业是指员工人数在10到50人之间，资产总额和营业收入较低但高于微型企业的企业。中型企业是指员工人数在50到250人之间，资产总额和营业收入相对较高的企业。

二是中小企业的分类标准在不同国家和地区有所不同。如中国的《中小企业促进法》规定，中小企业根据行业和规模不同，分为不同的类型和标准。在工业、建筑业和交通运输业中，小型企业是指员工人数少于300人、营业收入少于2000万元的企业；中型企业是指员工人数在300到1000人之间、营业收入在2000万元到4亿元之间的企业。在零售业和服务业中，小型企业是指员工人数少于50人、营业收入少于1000万元的企业；中型企业是指员工人数在50到300人之间、营业收入在1000万元到2亿元之间的企业。

三是国际上对中小企业的定义和分类也存在不同的标准。如欧盟根据企业员工人数和营业收入将中小企业分为微型企业（员工人数少于10人、年营业收入少于200万欧元）、小型企业（员工人数在10到50人之间、年营业收入在200万到1000万欧元之间）和中型企业（员工人数在50到250人之间、年营业收入在1000万到5000万欧元之间）。

四是中小企业的定义和分类还需要考虑企业的行业特点和区域差异。如在高科技产业中，中小企业的员工人数和营业收入较少，但其技术创新和市场竞争力较强。在一些经济发展相对落后的地区，中小企业的规模和经营状况受到区域经济环境的制约。因此在制定和实施中小企业促进法时，需要结合实际情况，灵活运用定义和分类标准。

（二）中小企业的法律地位和特征

中小企业的法律地位和特征是理解中小企业促进法的重要方面。

一是中小企业在法律上具有独立的法人地位。根据法律规定，中小企业可以独立承担民事责任，拥有独立的财产和经营权。这意味着，中小企业在市场竞争中可以平等地与其他市场主体进行交易和合作，依法享有和履行各种权利和义务。

二是中小企业具有灵活性和适应性强的特征。由于中小企业规模较小，决策链条短，管理灵活，可以快速适应市场变化和消费者需求。如在市场需求发生变化时，中小企业可以迅速调整生产和销售策略，灵活应对市场竞争。这种灵活性和适应性使中小企业在市场中具有较强的竞争力和生存能力。

三是中小企业在创新和就业方面具有重要作用。中小企业由于规模小、机制灵活，更容易进行技术创新和产品研发，成为推动技术进步和产业升级的重要力量。同时中小企业是吸纳就业的重要渠道，提供了大量的就业机会，缓解了社会就业压力。如在高科技产业和新兴产业中，中小企业通过创新和创业，创造了大量的新产品和新服务，带动了相关产业的发展和就业增长。

四是中小企业在社会经济发展中具有重要的基础性作用。中小企业广泛分布于各个行业和地区，成为国民经济的重要组成部分。中小企业不仅为社会提供了丰富的产品和服务，还通过纳税、就业、技术创新等方式，为经济增长和社会稳定作出重要贡献。如在中国，中小企业贡献了60%以上的GDP和80%以上的城镇就业，成为推动经济发展的重要力量。

（三）中小企业的发展现状

中小企业的发展现状是研究中小企业促进法的重要内容。

一是中小企业在数量上占据绝对优势。据统计，中小企业在全球范围内占企业总数的90%以上，成为经济活动的主体。在中国，中小企业占企业总数的99%以上，成为推动经济增长和就业的重要力量。如在制造业、服务业、零售业等领域，中小企业广泛分布，形成了庞大的企业群体。

二是中小企业在经济贡献方面具有重要地位。中小企业虽然在规模上相对较小，但在经济总量和就业方面的贡献却十分显著。如在中国，中小企业贡献了60%以上的GDP和80%以上的城镇就业，成为经济增长和社会稳定的重要支柱。在一些发达国家和地区，中小企业的经济贡献也同样显著，成为推动经济发展的重要力量。

三是中小企业面临的发展挑战较多。尽管中小企业在数量和经济贡献上具有优势，但在发展过程中也面临着诸多挑战。如融资难、融资贵问题一直是制约中小企业发展的瓶颈。由于中小企业规模小、资产少、信用评级低，故往往难以获得银行贷款和融资支持。此外，中小企业在技术创新、市场开拓、人才引进等方面也存在一定的困难。如在技术创新方面，中小企业由于资金和技术力量有限，故难以进行大规模的研发投入，导致技术创新能力不足；在市场开拓方面，中小企业由于品牌知名度低、市场渠道不畅，难以扩大市场份额，面临市场竞争的压力。

四是中小企业在政策支持方面取得了一定进展。为了解决中小企业面临的发展难题，各国政府和相关机构采取了一系列政策措施，支持中小企业的发展。如中国出台了《中小企业促进法》《中小企业发展专项资金管理办法》等法律法规和政策文件，通过提供融资支持、税收优惠、技术援助、市场开拓等措施，扶持中小企业的发展。此外，一些发达国家和地区也通过制定和实施一系列中小企业政策，促进中小企业的创新和发展。

（四）中小企业在经济中的作用

中小企业在经济中的作用是研究中小企业促进法的重要方面。

一是中小企业是推动经济增长的重要力量。中小企业广泛分布于各个行业和地区，通过提供产品和服务、吸纳就业、缴纳税收等方式，为经济增长作出重要贡献。如在制造业、服务业、零售业等领域，中小企业通过创新和创业，推动了产业结构调整和经济转型升级，成为经济增长的重要引擎。

二是中小企业是技术创新的重要来源。中小企业由于规模小、机制灵活，更容易进行技术创新和产品研发，成为推动技术进步和产业升级的重要力量。如在高科技产业和新兴产业中，中小企业通过技术创新和产品研发，创造了大量的新产品和新服务，带动了相关产业的发展和技术进步。此外，中小企业还通过与大企业合作，形成产业链和创新链的协同效应，推动了技术创新和产业升级。

三是中小企业是吸纳就业的重要渠道。中小企业提供了大量的就业机会，缓解了社会就业压力，促进了社会的和谐稳定。如在中国，中小企业提供了80%以上的城镇就业，成为吸纳就业的重要渠道。在一些发达国家和地区，中小企业也同样是吸纳就业的重要力量，通过创造就业机会，促进了社会的和谐稳定。

四是中小企业是促进社会公平和区域发展的重要力量。中小企业广泛分布于各个行业和地区，通过提供产品和服务、吸纳就业、缴纳税收等方式，促进了社会的公平和区域的发展。如在一些经济发展相对落后的地区，中小企业通过提供就业机会和经济支持，推动了当地经济的发展和社会的进步。此外，中小企业还通过参与公益事业和社会责任活动，促进了社会的和谐和公平。

中小企业在国民经济中具有重要地位和作用。中小企业的定义和分类、中小企业的法律地位和特征、中小企业的发展现状及其在经济中的作用，构成了研究中小企业促进法的基础和前提。通过深入理解和分析中小企业的概念，可以为制定和实施中小企业促进法提供科学依据和指导，从而更好地支持中小企业的发展，推动经济增长和社会进步。

二、中小企业在国民经济发展中的功能

中小企业作为国民经济的基本组成部分，其功能和作用在国民经济发展中具有重要意义。中小企业不仅是推动经济增长的主要力量，也是促进就业、技术创新和社会稳定的重要支柱。中小企业的功能体现在多个方面，包括促进经济增长、吸纳就业、推动技术创新和促进区域经济平衡发展。现从这四个方面详细探讨中小企业在国民经济发展中的功能和作用。

（一）促进经济增长

中小企业在促进经济增长方面发挥着不可替代的作用。中小企业数量众多，广泛分布于各个行业和地区，成为国民经济的重要组成部分。在许多国家和地区，中小企业占企业总数的90%以上，贡献了超过50%的GDP和就业。在中国，中小企业贡献了60%以上的GDP和80%以上的城镇就业，成为推动经济增长的重要力量。

一是中小企业通过提供多样化的产品和服务，满足了市场需求的多样性。中小企业由于规模小、决策灵活，能够迅速适应市场变化，提供创新和差异化的产品和服务，满足不同层次、不同地域消费者的需求。如在制造业中，中小企业通过定制化生产和个性化服务，满足了消费者对多样化产品的需求；在服务业中，中小企业通过提供特色服务和个性化体验，满足了消费者对高质量服务的需求。这种多样化的产品和服务不仅丰富了市场供给，也促进了市场竞争和经济增长。

二是中小企业通过推动产业结构调整和优化，促进了经济的高质量发展。中小企业在产业链和供应链中发挥着重要作用，通过技术创新和产品升级，推动了产业结构的调整和优化。如在高科技产业中，中小企业通过研发新技术和新产品，推动了产业的技术进步和升级；在传统制造业中，中小企业通过技术改造和设备更新，提升了产品质量和生产效率，促进了产业的转型升级。这种产业结构的调整和优化，不仅提高了经济发展的质量和效益，也为经济的可持续发展奠定了基础。

三是中小企业通过推动区域经济的发展和平衡，促进了国民经济的协调发展。其广泛分布于各个地区，尤其是在一些经济发展相对落后的地区，中小企业成为推动地方经济发展的重要力量。如在一些农村和边远地区，中小企业通过发展特色产业和乡村旅游，推动了地方经济的发展和农民收入的提高；在一些资源型城市，中小企业通过发展新兴产业和服务业，推动了产业转型和经济结构的优化。这种区域经济的发展和平衡，不仅促进了国民经济的协调发展，也为实现共同富裕和社会和谐提供了保障。

四是中小企业通过增加投资和消费，带动了经济增长和市场繁荣。中小企业由于规模小、灵活性强，能够迅速响应市场需求，增加投资和扩大生产，带动经济增长。如在市场需求旺盛时，中小企业能够迅速增加产能，满足市场需求，推动经济增长；在经济下行时，中小企业通过创新和调整经营策略，稳定市场供需关系，保持经济稳定。此外，中小企业作为市场主体，通过增加消费需求，带动了市场繁荣和经济活力。如中小企业通过提供多样化的消费品和服务，满足了消费者的多样化需求，促进了消费增长和市场繁荣。

（二）吸纳就业

中小企业在吸纳就业方面具有重要作用，成为缓解就业压力和促进社会稳定的重要力量。中小企业数量众多，广泛分布于各个行业和地区，提供了大量的就业机会。在许多国家和地区，中小企业提供了超过50%的就业岗位，成为吸纳就业的主力军。在中国，中小企业提供了80%以上的城镇就业，成为缓解就业压力和促进社会稳定的重要支柱。

一是中小企业通过提供多样化的就业岗位，满足了不同层次、不同技能的就业需求。中小企业由于规模小、经营灵活，能够根据市场需求和自身特点，提供多样化的就业岗位，满足不同层次、不同技能劳动者的就业需求。如在制造业中，中小企业提供了大量的技术工人和操作工岗位，满足了技术工人和操作工的就业需求；在服务业中，中小企业提供了大量的服务人员和管理人员岗位，满足了服务人员和管理人员的就业需求。这种多样化的就业岗位，不仅为劳动者提供了更多的就业机会，也促进了劳动力市场的多样性和灵活性。

二是中小企业通过吸纳初次就业和再就业劳动者，缓解了社会就业压力。中小企业由于规模小、门槛低，能够为初次就业和再就业劳动者提供更多的就业机会。如在一些经济发展相对落后的地区，中小企业通过发展特色产业和乡村旅游，吸纳了大量的农民工和下岗失业人员，实现了农民工和下岗失业人员的再就业；在一些新兴产业和服务业中，中小企业通过提供创新和创业平台，吸纳了大量的高校毕业生和创业者，实现了高校毕业生和创业者的初次就业和再就业。这种初次就业和再就业的吸纳，不仅缓解了社会就业压力，也为社会的和谐稳定作出贡献。

三是中小企业通过提供灵活就业和兼职岗位，促进了就业形式的多样化和灵活化。中小企业经营灵活，能够根据市场需求和自身特点，提供灵活就业和兼职岗位，满足劳动者的多样化就业需求。如在服务业和零售业中，中小企业通过提供灵活就业和兼职岗位，满足了劳动者的灵活就业和兼职需求；在互联网和新兴产业中，中小企业通过提供自由职业和远程办公岗位，满足了劳动者的自由职业和远程办公需求。这种灵活就业和兼职岗位，不仅为劳动者提供了更多的就业机会，也促进了就业形式的多样化和灵活化。

四是中小企业通过推动创业和创新，创造了大量的就业机会和经济价值。中小企业由于规模小、机制灵活，更容易进行创业和创新，成为推动创业和创新的重要力量。如在高科技产业和新兴产业中，中小企业通过技术创新和产品研发，创造了大量的新产品和新服务，带动了相关产业的发展和就业增长；在传统制造业和服务业中，中小企业通过创新和改造，提升了产品质量和服务水平，创造了新的市场需求和就业机会。这种创业和创新的推动，不仅为经济增长和技术进步作出贡献，也为社会提供了大量的就业机会和经济价值。

（三）推动技术创新

中小企业在推动技术创新方面具有重要作用，成为技术进步和产业升级的重要力量。中小企业由于规模小、机制灵活，更容易进行技术创新和产品研发，成为推动技术进步和产业升级的重要力量。在许多国家和地区，中小企业通过技术创新和产品研发，创造了大量的新技术和新产品，带动了相关产业的发展和技术进步。

一是中小企业通过研发投入和技术改造，提升了技术创新能力和水平。中小企业虽然在资金和资源上相对有限，但通过不断增加研发投入和进行技术改造，提升了技术创新能力和水平。如在高科技产业中，中小企业通过加大研发投入和引进先进技术，研发出了一系列具有自主知识产权的新技术和新产品，推动了产业的技术进步和升级；在传统制造业中，中小企业通过进行技术改造和设备更新，提升了生产效率和产品质量，促进了产业的转型升级。这种技术创新能力和水平的提升，不仅提高了企业的竞争力，也为技术进步和产业升级作出贡献。

二是中小企业通过合作与交流，促进了技术创新的协同效应和扩散效应。中小企业由于规模小、机制灵活，更容易与其他企业、科研机构和高校进行合作与交流，形成技术创新的协同效应和扩散效应。如在高科技产业和新兴产业中，中小企业通过与大企业、科研机构和高校进行合作，共同研发新技术和新产品，形成了技术创新的协同效应；在传统制造业和服务业中，中小企业通过与行业协会和专业机构进行交流，学习和引进先进技术和管理经验，形成了技术创新的扩散效应。这种技术创新的协同效应和扩散效应，不仅推动了技术进步和产业升级，也为技术创新提供了新的思路和方法。

三是中小企业通过市场竞争和需求导向，推动了技术创新的应用和推广。中小企业由于规模小、市场敏感，能够迅速响应市场需求，通过技术创新和产品研发，推动技术的应用和推广。如在消费电子和信息技术产业中，中小企业通过研发新技术和新产品，满足了消费者对高质量和高性能产品的需求，推动了技术的应用和推广；在生物医药和环保产业中，中小企业通过研发新技术和新产品，满足了市场对健康和环保产品的需求，推动了技术的应用和推广。这种技术创新的应用和推广，不仅提高了产品的市场竞争力，也为技术进步和产业升级作出贡献。

四是中小企业通过政策支持和资源整合，促进了技术创新的可持续发展。各国政府和相关机构通过制定和实施一系列政策措施，支持中小企业的技术创新和发展。如中国出台了《中小企业促进法》《高新技术企业认定管理办法》等法律法规和政策文件，通过提供融资支持、税收优惠、技术援助、市场开拓等措施，扶持中小企业的技术创新和发展。此外，中小企业还通过整合资源和优化配置，提升了技术创新的效率和效果。如在高科技产业和新兴产业中，中小企业通过建立创新联盟和产业联盟，共享技术资源和创新成果，提升了技术创新的效率和效果；在传统制造业和服务业中，中小企业通过优化生产流程和管理模式，提高了技术创新的效率和效果。这种政策支持和资源整合，不仅促进了技术创新的可持续发展，也为技术进步和产业升级提供了保障。中小企业在推动技术创新方面发挥了重要作用。通过研发投入和技术改造、合作与交流、市场竞争和需求导向、政策支持和资源整合，中小企业成为推动技术进步和产业升级的重要力量，为国民经济的发展和技术进步作出重要贡献。

（四）促进区域经济平衡发展

中小企业在促进区域经济平衡发展方面具有重要作用，成为推动区域经济协调发展和实现共同富裕的重要力量。中小企业广泛分布于各个地区，尤其是在一些经济发展相对落后的地区，中小企业成为推动地方经济发展的重要力量。如在一些农村和边远地区，中小企业通过发展特色产业和乡村旅游，推动了地方经济的发展和农民收入的提高；在一些资源型城市，中小企业通过发展新兴产业和服务业，推动了产业转型和经济结构的优化。

一是中小企业通过发展地方特色产业，推动了区域经济的多样化和特色化。中小企业由于规模小、经营灵活，能够根据当地的资源和市场优势，发展地方特色产业，推动区域经济的多样化和特色化。如在农业和农产品加工业中，中小企业通过发展有机农业、特色种植和特色养殖，推动了农业的现代化和多样化；在旅游和文化产业中，中小企业通过开发特色旅游资源和文化产品，推动了旅游业和文化产业的发展和特色化。这种地方特色产业的发展，不仅促进了区域经济的多样化和特色化，也为地方经济的发展提供了新的增长点。

二是中小企业通过推动区域产业升级，促进了区域经济的高质量发展。中小企业通过技术创新和产业升级，推动了区域产业的转型和升级，促进了区域经济的高质量发展。如在高科技产业和新兴产业中，中小企业通过研发新技术和新产品，推动了区域产业的技术进步和升级；在传统制造业和服务业中，中小企业通过技术改造和设备更新，提升了生产效率和产品质量，促进了区域产业的转型升级。这种区域产业的升级，不仅提高了区域经济的发展质量和效益，也为区域经济的可持续发展提供保障。

三是中小企业通过提供就业和创业机会，推动区域经济的繁荣和稳定。中小企业通过提供大量的就业和创业机会，促进了劳动力的合理配置和流动，推动了区域经济的繁荣和稳定。如，在一些经济发展相对落后的地区，中小企业通过提供就业机会，吸纳了大量的农民工和下岗失业人员，实现了农民工和下岗失业人员的再就业，促进了社会的和谐稳定；在一些新兴产业和服务业中，中小企业通过提供创业平台和创新支持，吸引了大量的高校毕业生和创业者，实现了高校毕业生和创业者的就业和创业，推动了区域经济的繁荣和发展。这种就业和创业机会的提供，不仅促进了劳动力的合理配置和流动，也为区域经济的繁荣和稳定作出贡献。

四是中小企业通过推动区域合作和资源整合，促进了区域经济的协调发展和共同富裕。中小企业通过推动区域合作和资源整合，实现了区域之间的优势互补和资源共享，促进了区域经济的协调发展和共同富裕。如在一些经济发展较快的地区，中小企业通过与经济发展较慢的地区进行合作和资源共享，推动了技术、资金和人才的流动，促进了区域经济的协调发展；在一些资源型城市，中小企业通过与其他地区的合作和资源整合，推动了资源的合理配置和利用，实现了区域经济的可持续发展。这种区域合作和资源整合，不仅促进了区域经济的协调发展和共同富裕，也为实现共同富裕和社会和谐提供了保障。中小企业在促进区域经济平衡发展方面发挥了重要作用。通过发展地方特色产业、推动区域产业升级、提供就业和创业机会、推动区域合作和资源整合，中小企业成为推动区域经济协调发展和实现共同富裕的重要力量，为国民经济的协调发展和社会的和谐稳定作出重要贡献。

中小企业在国民经济发展中具有重要功能和作用。通过促进经济增长、吸纳就业、推动技术创新和促进区域经济平衡发展，中小企业成为推动经济增长的重要力量，为国民经济的高质量发展和可持续发展作出重要贡献。在未来的发展中，通过制定和实施中小企业促进法，可以进一步发挥中小企业在国民经济发展中的功能和作用，为推动经济繁荣和社会进步提供有力的法律保障。

三、政府对中小企业的扶持

中小企业在国民经济中具有举足轻重的地位和作用，然而，由于规模和资源的限制，中小企业在发展过程中面临诸多挑战和困难。为了促进中小企业健康发展，政府采取了一系列扶持政策和措施，提供了法律、政策、金融、技术等多方面的支持。现从四个方面详细探讨政府对中小企业的扶持：法律和政策支持、金融支持、技术支持和市场开拓支持。

（一）法律和政策支持

法律和政策支持是政府扶持中小企业的基础和前提。

一是政府通过制定和完善法律法规，为中小企业的发展提供法律保障。如中国政府通过制定《中小企业促进法》《公司法》《合同法》《税收优惠法》等法律法规，明确了中小企业的法律地位和权利义务，保障了中小企业在市场经济中的合法权益。《中小企业促进法》明确规定了中小企业的定义、分类、政策扶持措施和法律责任，为中小企业的发展提供了系统的法律保障。

二是政府通过制定和实施政策文件，为中小企业的发展提供政策支持。如中国政府通过发布《关于进一步促进中小企业发展的若干意见》《中小企业发展专项资金管理办法》《中小企业技术创新基金管理办法》等政策文件，明确了中小企业在融资、税收、技术创新、市场开拓等方面的扶持政策和措施。这些政策文件不仅为中小企业的发展提供具体的操作指南，也为政府部门和相关机构提供政策依据和执行标准。

三是政府通过建立和完善中小企业服务体系，为中小企业的发展提供服务支持。如中国政府通过建立中小企业服务中心、中小企业信用担保机构、中小企业技术服务平台等服务机构，为中小企业提供融资担保、技术咨询、市场信息、法律援助等多方面的服务支持。这些服务机构不仅为中小企业提供了专业的服务和支持，也为中小企业的发展提供了便利和保障。

四是政府通过开展中小企业培训和宣传活动，为中小企业的发展提供教育和宣传支持。如中国政府通过组织中小企业培训班、创业大赛、技术交流会等活动，为中小企业提供创业培训、技术培训、管理培训等多方面的教育支持，提高了中小企业的经营管理能力和技术创新能力。此外，政府还通过媒体宣传和政策解读，向社会宣传中小企业的重要地位和作用，增强了全社会对中小企业的支持和关注。法律和政策支持是政府扶持中小企业的重要措施。通过制定和完善法律法规、制定和实施政策文件、建立和完善中小企业服务体系、开展中小企业培训和宣传活动，政府为中小企业的发展提供了全方位的法律和政策保障，促进了中小企业的健康发展。

（二）金融支持

金融支持是政府扶持中小企业的重要手段。由于中小企业规模小、信用评级低，融资难、融资贵问题一直是制约中小企业发展的瓶颈。为了缓解中小企业的融资困境，政府采取了一系列金融支持措施。

一是政府通过设立中小企业发展基金和专项资金，为中小企业提供直接融资支持。如中国政府通过设立中小企业发展基金、中小企业技术创新基金、中小企业发展专项资金等，为中小企业提供资金支持，帮助中小企业解决融资难题。这些基金和专项资金通过项目资助、贷款贴息、风险补偿等方式，为中小企业提供了多渠道的资金支持，促进了中小企业的发展。

二是政府通过推动银行和金融机构加大对中小企业的贷款支持，为中小企业提供间接融资支持。如中国政府通过发布《关于进一步加强金融服务支持中小企业发展的意见》《关于鼓励银行加大对中小企业贷款支持的通知》等文件，要求银行和金融机构加大对中小企业的贷款支持，简化贷款手续，降低贷款利率，增加信贷额度。此外，政府还通过建立中小企业信用担保体系，为中小企业提供贷款担保，降低贷款风险，提高中小企业的贷款获得率。

三是政府通过推动多层次资本市场发展，为中小企业提供股权融资和债券融资支持。如中国政府通过设立创业板、新三板等资本市场，为中小企业提供股权融资平台，帮助中小企业通过公开发行股票、增资扩股等方式获得资金支持。此外，政府还通过设立中小企业私募债、中小企业集合票据等债券市场，为中小企业提供债券融资平台，帮助中小企业通过发行债券获得资金支持。这些资本市场和债券市场的发展，不仅为中小企业提供了多样化的融资渠道，也为中小企业的持续发展提供了资金保障。

四是政府通过推动金融科技和互联网金融的发展，为中小企业提供创新融资支持。如中国政府通过支持互联网金融平台的发展，推动了P2P网络借贷、众筹融资等新型融资方式的兴起，为中小企业提供了便捷和高效的融资渠道。此外，政府还通过推动金融科技的发展，促进了大数据、区块链、人工智能等技术在金融领域的应用，提高了中小企业的融资效率和风控能力。这些创新融资方式和金融科技的发展，为中小企业提供了更多的融资选择和支持，促进了中小企业的创新和发展。金融支持是政府扶持中小企业的重要手段。通过设立中小企业发展基金和专项资金、推动银行和金融机构加大贷款支持、推动多层次资本市场发展、推动金融科技和互联网金融的发展，政府为中小企业的发展提供了多渠道、多层次、多样化的金融支持，缓解了中小企业的融资困境，促进了中小企业的健康发展。

（三）技术支持

技术支持是政府扶持中小企业的重要方面。中小企业由于规模小、资源有限，在技术创新和技术改造方面面临诸多困难和挑战。为了提升中小企业的技术创新能力和水平，政府采取了一系列技术支持措施。

一是政府通过设立技术创新基金和专项资金，为中小企业提供技术研发和创新支持。如中国政府通过设立中小企业技术创新基金、中小企业技术改造专项资金等，为中小企业的技术研发和创新提供资金支持。这些基金和专项资金通过项目资助、贷款贴息、风险补偿等方式，为中小企业的技术研发和创新提供了多渠道的资金支持，促进了中小企业的技术进步和创新。

二是政府通过推动产学研合作，为中小企业提供技术转移和技术合作支持。

如中国政府通过支持高校、科研机构和企业的合作，推动了产学研合作平台的建设，为中小企业提供技术转移和技术合作支持。在这一过程中，高校和科研机构通过将科研成果转化为实际应用，帮助中小企业提升技术水平和创新能力；中小企业通过与高校和科研机构的合作，获得了先进的技术和管理经验，提升了自身的竞争力和发展能力。这种产学研合作的推动，不仅促进了技术的转移和应用，也为中小企业的技术创新提供了新的思路和方法。

三是政府通过建立和完善技术服务体系，为中小企业提供技术咨询和技术服务支持。如中国政府通过建立中小企业技术服务平台、中小企业技术创新服务中心等技术服务机构，为中小企业提供技术咨询、技术培训、技术检测等多方面的技术服务。这些技术服务机构不仅为中小企业提供了专业的技术支持，也为中小企业的技术创新和技术改造提供了便利和保障。此外，政府还通过开展技术交流和技术展示活动，为中小企业提供技术交流和学习的机会，提升了中小企业的技术水平和创新能力。

四是政府通过推动科技政策和创新环境的优化，为中小企业的技术创新提供政策和环境支持。如中国政府通过出台《科技进步法》《高新技术企业认定管理办法》《中小企业技术创新基金管理办法》等法律法规和政策文件，明确了中小企业在技术创新方面的权利和义务，提供了税收优惠、资金支持、技术援助等多方面的政策支持。此外，政府还通过优化创新环境，推动科技园区、高新技术开发区、创新型城市等创新载体的建设，为中小企业的技术创新提供良好的环境和平台。这种政策和环境的优化，不仅促进了中小企业的技术创新和发展，也为技术进步和产业升级提供了保障。技术支持是政府扶持中小企业的重要方面。通过设立技术创新基金和专项资金、推动产学研合作、建立和完善技术服务体系、推动科技政策和创新环境的优化，政府为中小企业的技术创新和发展提供了全方位的技术支持，提升了中小企业的技术水平和创新能力，促进了中小企业的健康发展。

（四）市场开拓支持

市场开拓支持是政府扶持中小企业的重要措施。中小企业由于规模小、资源有限，在市场开拓和市场竞争方面面临诸多困难和挑战。为了帮助中小企业开拓市场，提升市场竞争力，政府采取了一系列市场开拓支持措施。一是政府通过设立市场开拓专项资金，为中小企业的市场开拓提供资金支持。如中国政府通过设立中小企业市场开拓专项资金、出口退税资金等，为中小企业的市场开拓提供资金支持。这些专项资金通过项目资助、贷款贴息、出口退税等方式，为中小企业的市场开拓提供了多渠道的资金支持，促进了中小企业的市场扩展和发展。

二是政府通过推动国内外市场对接和交流，为中小企业提供市场开拓平台和机会。如中国政府通过组织和支持中小企业参加国内外展览会、博览会、交易会等市场活动，为中小企业提供市场展示和交流的平台，帮助中小企业开拓国内外市场。此外，政府还通过建立和完善中小企业出口服务平台、中小企业国际合作平台等，为中小企业提供市场信息、法律咨询、市场推广等多方面的市场开拓服务，提升了中小企业的市场竞争力和市场份额。

三是政府通过推动电子商务和数字经济的发展，为中小企业的市场开拓提供新型渠道和手段。如中国政府通过支持和推动电子商务平台的发展，促进了中小企业通过互联网开拓市场，提升市场竞争力。在这一过程中，政府通过出台《电子商务法》《网络交易管理办法》等法律法规和政策文件，明确了电子商务的法律地位和市场规则，为中小企业通过电子商务开拓市场提供了法律保障。此外，政府还通过推动数字经济的发展，促进了中小企业通过数字化转型和智能化升级，提升市场竞争力和市场份额。这种新型渠道和手段的推动，为中小企业的市场开拓提供了更多选择和支持。

四是政府通过推动产业集群和区域品牌的建设，为中小企业的市场开拓提供集聚效应和品牌效应支持。如中国政府通过支持和推动产业集群的建设，促进了中小企业通过集聚效应和协同效应，提升市场竞争力和市场份额。在这一过程中，政府通过出台《产业集群发展规划》《区域品牌建设指南》等政策文件，明确了产业集群和区域品牌的建设目标和支持措施，为中小企业通过产业集群和区域品牌开拓市场提供政策支持。此外，政府还通过推动区域品牌的建设，提升中小企业的品牌价值和市场影响力，促进了中小企业的市场开拓和发展。这种集聚效应和品牌效应的推动，不仅提升了中小企业的市场竞争力，也为中小企业的持续发展提供了保障。市场开拓支持是政府扶持中小企业的重要措施。通过设立市场开拓专项资金、推动国内外市场对接和交流、推动电子商务和数字经济的发展、推动产业集群和区域品牌的建设，政府为中小企业的市场开拓提供了多渠道、多层次、多样化的支持，提升了中小企业的市场竞争力和市场份额，促进了中小企业的健康发展。

政府对中小企业的扶持是促进中小企业健康发展的重要举措。通过法律和政策支持、金融支持、技术支持和市场开拓支持，政府为中小企业的发展提供了全方位的保障和支持。通过这些扶持措施，中小企业不仅在法律和政策上得到了保障，在融资、技术创新、市场开拓等方面也得到了实质性支持和帮助，促进了中小企业的健康发展和持续壮大。在未来的发展中，政府将继续完善和优化扶持措施，为中小企业的发展创造更加良好的环境和条件，推动中小企业在国民经济中发挥更大的作用，为经济的繁荣和社会的进步作出更大贡献。

第三章　经济法的责任与实施

第一节　经济法的责任

一、经济法律责任的类型及其功能

经济法律责任是指经济主体在违反经济法律规范时应当承担的法律后果和义务。经济法律责任不仅是维护法律权威和社会经济秩序的重要手段，也是保障经济活动正常进行的基本要求。根据经济法的特点，经济法律责任可以分为援用责任和特有的责任两大类型。现从这两个方面详细探讨经济法律责任的类型及其功能。

（一）援用责任

援用责任是指经济法律中援用其他法律部门的责任类型，包括民事责任、行政责任和刑事责任。援用责任是经济法律责任的重要组成部分，其功能在于通过援用其他法律部门的责任规定，维护经济秩序，保障法律的统一性和权威性。

一是援用民事责任。民事责任是经济法援用的主要责任类型之一，主要包括违约责任和侵权责任。经济主体在经济活动中，如果违反合同约定或者侵犯他人合法权益，应当承担相应的民事责任。如在合同法的框架下，经济主体之间订立的合同具有法律约束力，一方违反合同约定，应当承担违约责任，包括支付违约金、赔偿损失等。此外，经济主体在经济活动中，如果因过错或者其他原因侵害他人合法权益，应当承担侵权责任，包括停止侵害、赔礼道歉、赔偿损失等。这种援用民事责任的方式，有助于维护经济活动中的契约精神，保障交易的安全和公平，促进经济秩序的稳定和发展。

二是援用行政责任。行政责任是经济法援用的另一重要责任类型，主要包括行政处罚和行政处分。经济主体在经济活动中，如果违反经济法律法规，应当承担相应的行政责任。如在市场监管领域，企业如果违反市场竞争规则，如从事垄断行为、不正当竞争行为等，市场监管部门可以依法对其进行行政处罚，包括罚款、没收违法所得、吊销营业执照等。此外，在金融监管领域，金融机构如果违反金融监管规定，如违规放贷、洗钱等，金融监管部门可以依法对其进行行政处罚，包括罚款、暂停业务、撤销经营许可等。这种援用行政责任的方式，有助于强化经济法的执行力度，维护市场秩序，保障公共利益。

三是援用刑事责任。刑事责任是经济法援用的极端责任类型，主要包括刑罚和刑事强制措施。经济主体在经济活动中，如果实施了严重的违法犯罪行为，应当承担相应的刑事责任。如在税收领域，企业如果实施偷税漏税、虚开发票等行为，税务机关可以依法对其进行刑事立案，追究其刑事责任，包括判处有期徒刑、罚金、没收财产等。此外，在金融犯罪领域，金融机构如果实施非法集资、诈骗等行为，公安机关可以依法对其进行刑事立案，追究其刑事责任，包括判处有期徒刑、罚金、没收财产等。这种援用刑事责任的方式，有助于打击经济犯罪行为，维护社会经济秩序，保障国家和公众的利益。援用责任是经济法律责任的重要组成部分，其通过援用民事责任、行政责任和刑事责任的方式，维护经济秩序，保障法律的统一性和权威性。通过援用其他法律部门的责任规定，经济法能够更加全面地规范经济主体的行为，保障经济活动的合法性和安全性，促进经济的稳定和健康发展。

（二）特有的责任

经济法律责任独立性的重要支撑点，在于法律实践中存在有别于传统法律责任又处于经济法律关系之中的新的责任形式。随着国民经济的复杂化，对经济关系的调整不断创新，尤其是知识经济和经济全球化的影响，更加深了这种趋势。目前，较为普遍的新兴经济法律责任可以分为两类：涉及经济主体的经济法律责任和涉及政府或政府机构人员的经济法律责任。

1.惩罚性赔偿责任

经济法中采取这种制度与经济的违法特性直接相关。其一，违法行为具有隐蔽性，查处违法行为的难度大。一些违法行为以明示的方式表现出来，也可以默示达成。其二，危害涉及的主体范围广且具有不确定性。惩罚性赔偿制度多体现在涉及侵害不特定主体利益的法律之中，如消费者权益保护法、竞争法、证券法等。理论上以一定的标准来划定经济违法行为侵害的主体——消费者、竞争者、投资者。实际上，由于时间和举证等因素的困扰，受害人真正到法院作为诉讼主体的只是少数人。又由于违法行为定性上的技术性特定，某一涉嫌违法行为能否得到权威机构的最终违法性认定，受害人往往很难把握，由此增加了诉讼的风险。根据风险和受益相一致的原则，对这种诉讼必须给予与风险相匹配的利益，以形成一种激励型的诉讼机制。

惩罚性赔偿制度的功能被从多个方面解释：惩罚被告、威慑、补偿等。在惩罚性赔偿制度发展中，一些功能逐渐被归化和整合。人们将更多的注意力集中在威慑功能和鼓励私人协助执法功能上。

2. 资格、信用减等或由此进行的业务限制

资格、信用减等或由此进行的业务限制是经济法中特有的责任形式，旨在通过限制经济主体的业务活动和市场准入，促使其遵守经济法律法规，维护市场秩序和社会公共利益。这种责任形式通常适用于那些在经济活动中严重违法违规，导致其信誉受损或能力下降的主体。如当企业因严重违反环境保护法规或发生重大安全事故，相关监管部门可以对其实施资格或信用减等措施，降低其信用评级或限制其业务范围。这些措施不仅影响企业在市场中的声誉和竞争力，还导致其失去参与某些高风险业务的资格，甚至被迫退出市场。信用减等的后果不仅包括直接的经济损失，还影响企业的融资能力，增加融资成本，限制其发展空间。此外，业务限制措施可以包括禁止参与政府采购、暂停或取消特定行业的经营许可证等，从而有效遏制企业的违法行为，维护公平竞争的市场环境。通过实施资格、信用减等或业务限制，政府和监管机构能够有效惩戒违法行为，提高企业的守法意识和合规水平，保护消费者和投资者的合法权益，促进市场的健康和可持续发展。这种责任形式不仅是对违法行为的惩罚，更是一种预防和警示机制，促使企业在未来的经营活动中更加谨慎和规范，维护社会经济秩序和公众利益。

3. 替代责任

替代责任是一种特殊的法律责任形式，指在某些情况下，一个主体由于其与另一主体的特定关系或者特定原因而替代后者承担法律责任。这种责任形式在经济法中有着广泛的应用，尤其在企业管理、雇佣关系、代理关系以及其他特殊法律关系中，通过替代责任的机制，确保受害方能够获得应有的法律救济，并促使

相关主体加强管理和监督，从而维护经济秩序和社会公平。替代责任的基础在于特定法律关系的存在，以及责任主体在履行其职责过程中对相关行为的控制和监督能力。如在企业管理中，公司高管和董事会成员由于其在公司中的管理和监督地位，会对公司员工的某些违法行为承担替代责任。即使这些高管和董事会成员并未直接参与或授权这些违法行为，但由于他们在管理中存在失职或未能尽到应有的监督责任，法律会要求他们承担相应的替代责任。

在雇佣关系中，替代责任同样具有重要意义。雇主对雇员在履行职务过程中所实施的违法行为通常要承担替代责任。这种安排不仅是为了保护受害方的合法权益，也是为了促使雇主加强对雇员的管理和培训，预防违法行为的发生。若一名配送公司的员工在工作过程中发生交通事故，造成他人损害，受害者可以要求该配送公司承担赔偿责任，即使事故是由员工的个人行为引起的。这种替代责任机制确保了受害者能够迅速获得赔偿，同时也推动了企业对员工行为进行更严格管理。代理关系中的替代责任也值得关注。代理人在执行委托事务时，如果因故意或过失造成他人损害，委托人需要承担替代责任。这种安排在经济活动中尤为常见，尤其是当代理人以委托人名义进行交易或处理事务时，委托人必须对代理人的行为结果负责。如在证券交易中，投资顾问或代理人在未尽到合理谨慎义务的情况下进行高风险投资，导致客户资金损失，客户可以要求代理公司承担替代责任。这种责任机制不仅保护了投资者的合法权益，也促使金融机构对其代理人的行为进行更严格的监督和管理。此外，替代责任在合资企业和其他合作关系中也有重要作用。合资企业中的一方如果因其管理不善或未尽到应有的合作义务，导致合资企业发生违法行为或损失，另一方需要承担替代责任。这种责任机制不仅促使合作各方更好地履行各自的义务，也保障了合资企业的正常运作和利益相关者的合法权益。替代责任的法律基础在于“过错责任”原则和“风险承担”原则。前者要求责任主体对其管理和监督不当的过错承担责任，后者则要求那些在经济活动中受益的主体承担由此带来的风险和责任。这两大原则共同构成了替代责任的法律基础，确保责任主体对其行为的后果负责，并通过法律手段实现公平和正义。

为了更好地实施替代责任，法律通常会对责任主体的管理职责和监督义务作出明确规定。如公司法、劳动法、代理法等相关法律条款中均明确了责任主体应尽的管理和监督义务，以及未尽义务所应承担的法律后果。这种明确的法律规定不仅为替代责任的实施提供了法律依据，也为责任主体提供了行为准则和责任界限。在实际操作中，替代责任的适用需要考虑多方面的因素，包括责任主体与直接行为人之间的关系、责任主体在特定情境下的控制和监督能力、直接行为人的过错程度及其行为与损害结果之间的因果关系等。通过综合考虑这些因素，法律可以更公正地确定替代责任的承担者，确保受害方获得应有的法律救济。然而，替代责任的实施也面临一些挑战和争议。责任主体与直接行为人之间的关系认定以及责任划分的界限并不总是明确的，这导致法律适用中的不确定性和争议。替代责任的过度适用会增加责任主体的法律风险和经营负担，特别是在一些高风险行业和复杂的经济活动中，这种风险和负担尤为明显。因此在实施替代责任时，法律需要在保护受害方权益和合理限制责任主体负担之间取得平衡。为了应对这些挑战和争议，法律可以采取一些措施来优化替代责任的实施。一方面，可以通过明确和细化法律条款，提供清晰的责任认定标准和程序，减少法律适用中的不确定性。另一方面，可以通过加强对责任主体的管理培训和合规教育，提高其管理和监督能力，预防违法行为的发生。此外，还可以通过设立合理的责任限额和保险机制，分散和转移责任风险，减少替代责任对责任主体的经营负担。

4.报告制度

报告制度是经济法中一项重要的监管和合规机制，旨在通过要求经济主体定期向监管机构或相关部门报告其经营活动、财务状况和合规情况，确保经济活动的透明性和合法性。报告制度不仅有助于政府和监管机构及时掌握市场动态和企业经营情况，进行有效的监督和管理，还能够防范和发现潜在的违法违规行为，保护投资者和消费者的合法权益。通常，报告制度涵盖多个方面，包括财务报告、经营报告、合规报告和风险报告等。如企业需要定期向税务机关提交财务报表和纳税申报表，向证券监管机构提交年度和季度报告，披露其财务状况、经营成果和重大事项。此外，特定行业如金融机构和保险公司，还需要向监管部门提交合规报告和风险评估报告，说明其在风险管理、内部控制和合规性方面的措施和执行情况。通过实施报告制度，法律要求企业增强信息披露的透明度和准确性，促进其履行社会责任和法律义务。同时报告制度也为监管机构提供了重要的信息来源，使其能够及时发现和纠正市场中的不规范行为，维护市场秩序和社会公共利益。在当前全球化和信息化的背景下，报告制度的有效实施对于维护经济秩序、促进公平竞争和实现可持续发展具有重要意义。因此各国法律和监管机构不断完善报告制度，提升其科学性和可操作性，以更好地适应复杂多变的经济环境和市场需求。

5.约谈制度

约谈制度是经济法中一种重要的监管工具，旨在通过直接对话和沟通的方式，促使经济主体及时纠正违规行为，提升其合规意识和管理水平。约谈制度通常由监管机构或相关部门实施，对象包括企业高管、法人代表以及其他关键人员。通过约谈，监管机构可以及时传达法律法规和政策要求，了解企业的经营情况和存在的问题，督促其采取有效措施改进经营管理，防范和化解风险。约谈制度的实施有助于提高监管工作的针对性和有效性，加强监管机构与企业之间的互动和信任。如在金融监管领域，监管机构可以通过约谈，了解银行、证券公司等金融机构的风险管理和内部控制情况，督促其完善风险防控措施，确保金融系统的稳定和安全。在环境保护领域，环保部门可以通过约谈，了解企业的污染防治措施和环境管理情况，督促其履行环保义务，减少环境污染和生态破坏。约谈制度不仅是一种监管手段，更是一种教育和指导工具，通过面对面的交流，帮助企业提高法律意识和管理水平，预防和减少违法行为的发生。此外，约谈制度还可以作为一种预警机制，通过及时发现和处理问题，防止小问题演变成大风险，维护市场秩序和社会公共利益。为了确保约谈制度的有效实施，法律和监管机构应制定明确的约谈程序和标准，确保约谈的公开、公正和透明。同时监管机构应加强对约谈结果的跟踪和反馈，督促企业落实整改措施，确保约谈制度的实际效果。在当前复杂多变的经济环境下，约谈制度作为一种灵活高效的监管手段，对于维护市场稳定、促进企业合规经营和保障经济健康发展具有重要意义。

6.警告或关注制度

关注制度是监管部门向监管对象出具的书面关注函，表明监管部门对监管对象某一方面或某种行为表示关注的态度，属于柔性监管措施。

关注函有以下几个特点：关注函是监管部门监管态度的表达——即重点关注被监管对象的疑似违规行为；它明确了监管对象的疑似违规违法点；再次，关注函可以要求监管对象谨慎处理某类业务、提供相应的说明与信息披露义务等；最后若关注对象未按要求披露信息、改变违规行为，会引发后续的强制监管手段。

公众性互联网企业的运营，关乎企业及其广大用户的利益。而关注函作为一种柔性手段，给企业以说明和整改的机会，对公众性互联网企业本身的发展和用户利益的保护都是较好的监管措施。

二、社会责任在经济法责任中的作用

社会责任在经济法责任中扮演着重要角色。随着社会经济的发展和法律体系的完善，经济主体在追求经济利益的同时承担社会责任已成为一种法律要求和社会共识。然而，关于社会责任的定义、内涵及其在经济法责任中的具体作用，仍然存在诸多争议和探讨。现从三个方面详细探讨社会责任在经济法责任中的作用：关于社会责任的争议、社会责任内涵和社会责任内部结构的位阶。

（一）关于社会责任的争议

社会责任在经济法责任中的地位和作用，一直是学术界和实务界关注的焦点，围绕这一问题的争议主要集中在以下几个方面。对于社会责任的法律地位和强制性，许多人认为，社会责任应当被纳入法律体系中，成为经济主体必须履行的法律义务。然而，也有观点认为，社会责任更多的是一种道德义务，而非法律义务，不应当通过法律强制手段加以规定。这一争议反映了社会责任在法律与道德之间的模糊地带，需要在法律实践中加以明确和界定。

一是社会责任的法律地位和强制性。关于社会责任是否应当具有法律地位以及是否应当强制履行，是讨论最多的问题之一。支持者认为，社会责任应当被纳入法律体系中，成为经济主体必须履行的法律义务，以确保经济主体在追求经济利益的同时也能够关注和保护社会公共利益。如在环境保护、劳动权益保障、消费者权益保护等领域，社会责任应当具有法律地位，成为经济主体必须履行的义务，以保障社会公共利益和可持续发展。然而，反对者认为，社会责任更多的是一种道德义务，而非法律义务，不应当通过法律强制手段加以规定。因为社会责任的履行往往涉及经济主体的自主决策和企业文化，强制规定会限制企业的自主权和创新能力。因此社会责任的法律地位和强制性需要在法律实践中加以平衡和明确。

二是社会责任的范围和界限。关于社会责任的范围和界限，也是争议的焦点之一。社会责任的范围包括环境保护、劳动权益保障、消费者权益保护、社区发展等多个方面，但具体到每一个方面，社会责任的范围和界限又往往存在模糊和不确定性。如在环境保护领域，企业应当承担何种环境保护责任，具体的责任范围和界限如何界定，是一个复杂的问题。此外，在劳动权益保障和消费者权益保护领域，企业应当承担何种责任，具体的责任范围和界限如何界定，也存在较大争议。因此社会责任的范围和界限需要在法律和政策中加以明确和细化，以便企业能够更好地履行社会责任。

三是社会责任的履行方式和评估标准。关于社会责任的履行方式和评估标准，也是争议的一个重要方面。社会责任的履行方式多种多样，包括内部管理制度的完善、社会公益活动的参与、环境保护措施的实施等。然而，具体到每一种履行方式，如何评估其履行效果和社会责任的实现程度，是一个复杂的问题。如企业在参与社会公益活动时，如何评估其社会责任的履行效果，是通过投入的资金和资源，还是通过社会影响力和社会效益，存在不同的评估标准。此外，在环境保护和劳动权益保障等领域，如何评估企业的社会责任履行效果，也存在较大争议。因此社会责任的履行方式和评估标准需要在法律和政策中加以明确和规范，以便企业能够更好地履行社会责任。关于社会责任的争议主要集中在社会责任的法律地位和强制性、社会责任的范围和界限、社会责任的履行方式和评估标准等方面。这些争议反映了社会责任在法律与道德之间的复杂关系和现实问题，需要在法律实践中加以明确和界定，以便企业能够更好地履行社会责任，促进社会的和谐和可持续发展。

（二）社会责任内涵

社会责任的内涵是指经济主体在追求经济利益的同时应当承担的社会责任和义务。社会责任不仅包括遵守法律法规的义务，还包括更广泛的社会公益和道德义务。社会责任的内涵主要体现在以下几个方面。遵守法律法规的义务。经济主体在进行经济活动时，应当遵守国家和地方的法律法规，履行其法律义务，包括纳税义务、环境保护义务、劳动权益保障义务等。遵守法律法规是社会责任的基本内涵，是企业履行社会责任的底线要求。

一是遵守法律法规的义务。经济主体在进行经济活动时，应当遵守国家和地方的法律法规，履行其法律义务，包括纳税义务、环境保护义务、劳动权益保障义务等。遵守法律法规是社会责任的基本内涵，是企业履行社会责任的底线要求。如企业应当依法纳税，按时足额缴纳各种税款，支持国家财政和社会经济发展；企业应当遵守环境保护法律法规，采取有效的污染防治措施，减少对环境的污染和破坏，保护生态环境和自然资源；企业应当遵守劳动法和劳动合同法，保障劳动者的合法权益，包括合理的工资待遇、安全的工作环境、合法的劳动合同等。这些法律义务是企业履行社会责任的基本要求，是企业社会责任的底线。

二是履行社会公益和道德义务。除了遵守法律法规的义务，经济主体还应当履行更广泛的社会公益和道德义务，关注和支持社会公益事业，促进社会的和谐和可持续发展。社会公益和道德义务包括参与和支持扶贫、教育、医疗、文化等社会公益事业，贡献其对社会的力量，促进社会的和谐和进步。如企业可以通过捐赠资金、物资，参与和支持扶贫事业，帮助贫困地区和贫困人口脱贫致富；企业可以通过资助教育、奖学金，支持教育事业的发展，帮助贫困学生完成学业；企业可以通过捐赠医疗设备、药品，支持医疗事业的发展，帮助病患获得医疗救助；企业可以通过资助文化艺术活动，支持文化事业的发展，丰富社会文化生活。这些社会公益和道德义务是企业履行社会责任的重要内容，是企业对社会的贡献和回报。

三是推动企业可持续发展。社会责任的内涵还包括推动企业的可持续发展，通过可持续的经营方式，实现经济效益、环境效益和社会效益的协调发展。企业可持续发展的具体内容包括绿色生产、节能减排、循环经济、社会责任报告等。如企业应当采用绿色生产方式，减少资源消耗和环境污染，提高资源利用效率，推动绿色经济的发展；企业应当采取节能减排措施，减少能源消耗和废气排放，保护环境和气候；企业应当推动循环经济的发展，通过资源再利用和废物回收，实现资源的循环利用和经济的可持续发展；企业应当发布社会责任报告，披露其社会责任履行情况，接受社会监督，提升企业的透明度和社会责任意识。这些可持续发展的措施是企业履行社会责任的重要内容，是企业实现可持续发展的途径。社会责任的内涵包括遵守法律法规的义务、履行社会公益和道德义务、推动企业可持续发展等方面。这些内涵反映了社会责任的广泛性和多样性，是企业履行社会责任的具体要求。通过明确社会责任的内涵，可以帮助企业更好地理解和履行社会责任，促进社会的和谐和可持续发展。

（三）社会责任内部结构的位阶

社会责任的内部结构是指社会责任各组成部分之间的关系和层次，社会责任内部结构的位阶是指各组成部分在社会责任体系中的地位和重要性。明确社会责任的内部结构和位阶，有助于企业更好地理解和履行社会责任，提升企业的社会责任意识和履行效果。社会责任内部结构的位阶主要体现在以下几个方面。法律责任和道德责任的位阶。法律责任是社会责任的底线，道德责任是法律责任的延伸和提升。

一是法律责任和道德责任的位阶。法律责任是社会责任的底线，是企业必须履行的基本义务；道德责任是法律责任的延伸和提升，是企业应当履行的更高层次责任。法律责任和道德责任共同构成了社会责任的基本结构，法律责任是基础，道德责任是提升。企业在履行社会责任时，应当遵守法律法规，履行其法律责任，包括纳税义务、环境保护义务、劳动权益保障义务等。这些法律责任是企业履行社会责任的基本要求，是企业社会责任的底线。在履行法律责任的基础上，企业还应当关注和履行更高层次的道德责任，关注和支持社会公益事业，促进社会的和谐和可持续发展。这些道德责任是企业履行社会责任的重要内容，是企业对社会的贡献和回报。通过明确法律责任和道德责任的位阶，可以帮助企业更好地理解和履行社会责任，提升企业的社会责任意识和履行效果。

二是经济责任和环境责任的位阶。经济责任是企业社会责任的核心内容，是企业实现经济效益的重要途径；环境责任是企业社会责任的重要内容，是企业实现环境效益的重要途径。经济责任和环境责任共同构成了企业社会责任的核心结构，经济责任是基础，环境责任是保障。企业在履行社会责任时，应当关注和履行其经济责任，通过合法经营和合规管理，实现企业的经济效益和可持续发展。这些经济责任是企业履行社会责任的基本要求，是企业实现经济效益的重要途径。在履行经济责任的基础上，企业还应当关注和履行其环境责任，通过绿色生产、节能减排、循环经济等措施，实现企业的环境效益和可持续发展。这些环境责任是企业履行社会责任的重要内容，是企业实现环境效益的重要途径。通过明确经济责任和环境责任的位阶，可以帮助企业更好地理解和履行社会责任，提升企业的经济效益和环境效益，促进企业的可持续发展。

三是内部责任和外部责任的位阶。内部责任是企业社会责任的基础，是企业内部管理和运营的基本要求；外部责任是企业社会责任的延伸，是企业对外部利益相关方的责任和义务。内部责任和外部责任共同构成了企业社会责任的完整结构，内部责任是基础，外部责任是延伸。企业在履行社会责任时，应当关注和履行其内部责任，通过建立和完善内部管理制度，确保其经营活动符合法律法规和社会责任的要求。这些内部责任是企业履行社会责任的基本要求，是企业内部管理和运营的基本保障。在履行内部责任的基础上，企业还应当关注和履行其外部责任，通过参与和支持社会公益事业，关注和保护外部利益相关方的利益，促进社会的和谐和可持续发展。这些外部责任是企业履行社会责任的重要内容，是企业对外部利益相关方的责任和义务。通过明确内部责任和外部责任的位阶，可以帮助企业更好地理解和履行社会责任，提升企业的内部管理水平和外部社会影响力，促进企业的可持续发展。社会责任内部结构的位阶包括法律责任和道德责任的位阶、经济责任和环境责任的位阶、内部责任和外部责任的位阶等方面。这些位阶反映了社会责任各组成部分之间的关系和层次，是企业履行社会责任的具体要求。通过明确社会责任的内部结构和位阶，可以帮助企业更好地理解和履行社会责任，提升企业的社会责任意识和履行效果，促进企业的可持续发展。

社会责任在经济法责任中的作用体现在多个方面，通过明确社会责任的争议、社会责任的内涵和社会责任的内部结构位阶，可以帮助企业更好地理解和履行社会责任，提升企业的社会责任意识和履行效果。在未来的发展中，通过进一步完善社会责任的法律和政策框架，推动企业社会责任的有效履行，可以促进社会的和谐和可持续发展，为实现经济效益、环境效益和社会效益的协调发展作出更大的贡献。

第二节 经济法的实施

一、经济法实施的方式

经济法的实施是确保经济法律规范得以有效运行的重要环节。为了实现经济法的目标，保障经济活动的有序进行，经济法的实施需要多方力量的共同参与和配合。根据主体不同，经济法的实施方式可以分为政府实施、私人实施和社会团体实施。现从这三个方面详细探讨经济法的实施方式及其具体作用。

（一）政府实施

政府实施是经济法实施的主要方式之一，政府通过立法、行政执法和司法审判等手段，确保经济法律规范得以有效实施，维护经济秩序和社会公共利益。政府实施主要体现在以下几个方面。

一是政府通过立法保障经济法的实施。立法是政府实施经济法的重要手段之一，通过制定和完善经济法律法规，政府为经济法的实施提供法律依据和保障。政府立法包括制定新法律和修订现行法律，确保经济法律体系的科学性和完备性。如政府通过制定《公司法》《反垄断法》《消费者权益保护法》等法律，规范市场主体的行为，维护市场秩序和消费者权益。此外，政府还通过修订现行法律，及时调整法律规定，适应经济发展的需要。如随着互联网经济的快速发展，政府修订了《电子商务法》，规范网络交易行为，保护网络消费者权益。通过立法，政府为经济法的实施提供了法律保障，确保经济法律规范能够有效运行。

二是政府通过行政执法保障经济法的实施。行政执法是政府实施经济法的重要手段，通过行政机关的监督和执法活动，政府确保经济法律规范的贯彻执行。行政执法包括行政检查、行政处罚、行政许可等具体措施。如市场监管部门通过对企业的检查，发现并纠正违法行为，维护市场秩序和公平竞争；税务部门通过税务稽查，确保企业依法纳税，维护税收秩序和国家财政利益；环境保护部门通过环境监察，督促企业履行环境保护责任，维护生态环境和社会公共利益。此外，政府还通过行政许可制度，规范市场准入和退出，确保企业合法经营，保护市场秩序和消费者权益。通过行政执法，政府为经济法的实施提供了强有力的保障，确保经济法律规范能够有效执行。

三是政府通过司法审判保障经济法的实施。司法审判是政府实施经济法的重要手段之一，通过司法机关的裁判活动，政府确保经济法律规范的公正适用。司法审判包括民事诉讼、行政诉讼和刑事诉讼等具体形式。如在民事诉讼中，法院通过对经济合同纠纷、侵权纠纷等案件的审理，维护当事人的合法权益，保障交易的安全和公平；在行政诉讼中，法院通过对行政行为的合法性审查，监督行政机关依法行使职权，保护公民和企业的合法权益；在刑事诉讼中，法院通过对经济犯罪案件的审理，惩治违法犯罪行为，维护社会经济秩序和公共利益。通过司法审判，政府为经济法的实施提供法律救济和监督机制，确保经济法律规范能够公正适用。政府实施是经济法实施的主要方式之一，通过立法、行政执法和司法审判等手段，政府为经济法的实施提供了法律依据和保障，确保经济法律规范能够有效运行，维护经济秩序和社会公共利益。

（二）私人实施

私人实施是经济法实施的另一重要方式，主要指经济主体通过自我管理和纠纷解决等手段，确保自身合法权益的实现和经济法律规范的遵守。私人实施主要体现在以下几个方面。

一是经济主体通过自我管理保障经济法的实施。自我管理是指经济主体在法律规定的框架内，通过内部管理制度的建立和完善，自觉遵守经济法律规范，确保自身合法权益的实现。如企业通过建立和完善内部控制制度、财务管理制度、合同管理制度等，确保企业经营活动符合经济法律法规的要求，防范法律风险和经营风险。此外，企业还通过聘请法律顾问、设立法务部门等，提供法律咨询和法律服务，确保企业经营活动的合法性和规范性。通过自我管理，经济主体能够主动遵守经济法律规范，提升自身的法律意识和合规水平，保障经济法的有效实施。

二是经济主体通过纠纷解决保障经济法的实施。纠纷解决是指经济主体在发生经济纠纷时，通过协商、调解、仲裁、诉讼等途径，解决争议，维护自身合法权益。如在合同纠纷中，当事人可以通过协商解决争议，达成和解协议；如果协商不成，当事人可以申请仲裁或提起诉讼，通过仲裁机构或法院的裁决，解决争议，维护自身合法权益。此外，在消费者权益保护纠纷中，消费者可以通过向消费者协会投诉、向行政机关申诉、提起诉讼等途径，解决争议，维护自身合法权益。通过纠纷解决，经济主体能够依法维护自身合法权益，解决经济纠纷，保障经济法的有效实施。

三是经济主体通过合同约定保障经济法的实施。合同约定是指经济主体在签订和履行合同过程中，通过合同条款的明确和细化，确保合同的合法性和可执行性，保障经济法律规范的遵守。如在合同中，双方可以明确约定各自的权利义务、履行期限、违约责任等，确保合同的合法性和可执行性，防范合同风险和法律风险。此外，双方还可以通过合同条款的细化，明确争议解决方式和程序，如约定仲裁条款或管辖法院，确保合同争议的及时解决，保障合同的顺利履行。通过合同约定，经济主体能够明确各自的权利义务，确保合同的合法性和可执行性，提升合同履行的确定性和可预见性，保障经济法的有效实施。私人实施是经济法实施的另一重要方式，通过自我管理、纠纷解决和合同约定等手段，经济主体能够主动遵守经济法律规范，维护自身合法权益，保障经济法的有效实施。

（三）社会团体实施

社会团体实施是经济法实施的第三种重要方式，主要指社会团体通过监督、服务和合作等手段，协助政府和私人主体，确保经济法律规范的有效实施，维护经济秩序和社会公共利益。社会团体实施主要体现在以下几个方面。

一是社会团体通过监督保障经济法的实施。社会团体通过对经济主体的监督，确保经济法律规范的遵守，维护市场秩序和社会公共利益。如行业协会通过制定行业规范和标准，监督会员企业的经营行为，确保其遵守经济法律法规，维护行业秩序和公平竞争；消费者协会通过受理消费者投诉，监督企业的产品和服务质量，维护消费者权益；环境保护组织通过对企业的环保行为进行监督，确保其遵守环境保护法律法规，保护生态环境和公共利益。通过监督，社会团体能够发挥第三方监督的作用，协助政府和私人主体，保障经济法的有效实施。

二是社会团体通过服务保障经济法的实施。社会团体通过为经济主体提供各种服务，帮助其遵守经济法律规范，提升其合规水平和经营能力。如行业协会通过提供法律咨询、培训、信息服务等，帮助会员企业了解和遵守经济法律法规，提升其法律意识和合规水平；消费者协会通过开展消费教育、宣传等活动，提高消费者的法律意识和维权能力，促进消费者权益保护；环境保护组织通过提供技术支持、培训等，帮助企业提升环保水平，遵守环境保护法律法规。通过服务，社会团体能够为经济主体提供专业的支持和帮助，提升其合规水平和经营能力，保障经济法的有效实施。

三是社会团体通过合作保障经济法的实施。社会团体通过与政府、企业和其他社会团体的合作，推动经济法律规范的实施，促进社会的和谐和可持续发展。如行业协会通过与政府部门的合作，共同制定和推广行业规范和标准，推动行业自律和规范发展；消费者协会通过与企业的合作，推动企业改进产品和服务质量，提升消费者满意度和信任度；环境保护组织通过与企业和政府的合作，共同推进环保项目和环保技术的推广应用，推动生态环境保护和可持续发展。通过合作，社会团体能够整合资源和力量，形成合力，推动经济法律规范的实施，促进社会的和谐和可持续发展。社会团体实施是经济法实施的第三种重要方式，通过监督、服务和合作等手段，社会团体能够协助政府和私人主体，确保经济法律规范的有效实施，维护经济秩序和社会公共利益。

经济法的实施方式包括政府实施、私人实施和社会团体实施，通过立法、行政执法、司法审判、自我管理、纠纷解决、合同约定、监督、服务和合作等手段，确保经济法律规范的有效运行，维护经济秩序和社会公共利益。通过多方力量的共同参与和配合，经济法的实施得以全面推进，保障经济活动的有序进行，促进社会的和谐和可持续发展。在未来的发展中，通过进一步完善经济法的实施机制，推动各方力量的协同合作，可以更好地实现经济法的目标，保障社会的公平和正义，为经济的繁荣和社会的进步作出更大贡献。

二、经济法实施的特点

经济法的实施具有独特之处，这些特点决定了经济法在实践中如何发挥作用和产生效果。经济法的实施主要通过司法实施和行政实施两种方式进行，每种方式都有其独自的特点和机制。现从司法实施方式和行政实施方式两个方面详细探讨经济法实施的特点。

（一）司法实施方式上的特点

司法实施是经济法实施的主要方式之一，主要通过法院的裁判活动来保障经济法律规范的有效实施。司法实施方式具有独特之处，体现在以下几个方面。

一是司法实施的公正性和独立性。司法实施的一个重要特点是其公正性和独立性。法院作为国家的司法机关，在处理经济纠纷时，依据法律独立行使审判权，不受任何外界干扰。这种独立性和公正性保证了法院在经济法实施过程中能够公平、公正地裁判案件，维护法律的尊严和权威，保障当事人的合法权益。法院通过审判活动，依法裁判经济纠纷，确保法律的公正适用。如在合同纠纷案件中，法院依据合同法的规定，判决违约方承担相应的法律责任，维护守约方的合法权益；在知识产权纠纷案件中，法院依据知识产权法的规定，判决侵权方承担侵权责任，保护权利人的合法权益。法院在审判过程中，严格遵循法定程序，保障当事人的诉讼权利，包括辩论权、举证权、上诉权等，确保审判过程的公开、公正和透明。此外，法院还通过法律解释和司法解释，解决法律适用中的疑难问题，统一法律适用标准，维护法律的稳定性和权威性。

二是司法实施的强制性和约束力。法院的裁判具有法律效力，当事人必须依法履行裁判结果，如果拒不履行，法院可以依法采取强制执行措施，确保裁判结果的实现。这种强制性和约束力保证了法院在经济法实施过程中能够有效地解决经济纠纷，保障法律的权威和社会秩序的稳定。法院的判决书、裁定书等司法文书具有法律效力，当事人必须依法履行。如在合同纠纷案件中，法院判决违约方支付违约金、赔偿损失，当事人必须按判决书履行义务，否则将承担法律责任。法院通过强制执行措施，确保判决结果的实现。如对于拒不履行判决义务的当事人，法院可以依法采取查封、扣押、冻结财产、强制拍卖等措施，保障判决的执行。此外，法院还可以依法对拒不履行判决义务的当事人采取限制高消费、列入失信被执行人名单等信用惩戒措施，增加其违约成本，督促其履行义务。通过强制性和约束力的保障，司法实施能够有效地解决经济纠纷，维护法律的权威和社会秩序的稳定。司法实施方式具有公正性和独立性、强制性和约束力等特点。这些特点保证了法院在经济法实施过程中能够公平、公正地裁判案件，维护法律的尊严和权威，保障当事人的合法权益，有效解决经济纠纷，维护社会秩序和经济活动的有序进行。

（二）行政实施方式上的特点

行政实施是经济法实施的另一方式，主要通过行政机关的监督和执法活动来保障经济法律规范的有效实施。行政实施方式具有独特的特点，体现在以下几个方面。

一是行政实施的主动性和及时性。行政实施的一个重要特点是其主动性和及时性。行政机关作为政府的执行机关，在经济法的实施过程中，具有主动发现和及时处理违法行为的职责，能够迅速响应经济活动中的违法现象，采取相应的执法措施，防止和纠正违法行为，维护市场秩序和公共利益。行政机关通过日常监管和专项检查，主动发现违法行为。如市场监管部门通过日常巡查、抽查，发现企业存在的违法经营行为，如虚假广告、不正当竞争等，及时采取执法措施，纠正违法行为；税务部门通过税务稽查，发现企业的偷税漏税行为，依法追缴税款，处罚违法企业。行政机关通过快速反应和处理，及时制止和纠正违法行为。如环境保护部门在发现企业的环境违法行为后，立即采取停止违法行为、限期整改等措施，防止环境污染和生态破坏；食品药品监管部门在发现食品药品安全问题后，立即采取召回问题产品、停止销售等措施，保护消费者的健康和安全。此外，行政机关还通过预防性措施，防范和减少违法行为的发生。如金融监管部门通过制定和实施金融监管政策，预防金融风险和金融犯罪的发生，维护金融市场的稳定和安全。通过主动性和及时性的保障，行政实施能够有效地发现和处理经济活动中的违法行为，维护市场秩序和公共利益。

二是行政实施的广泛性和多样性。行政实施的另一个重要特点是其广泛性和多样性。行政机关在经济法实施过程中，涉及的领域广泛，执法手段多样，能够全面、系统地监督和管理经济活动，保障经济法律规范的有效实施。行政机关的执法领域广泛，覆盖经济活动的各个方面。如市场监管部门负责市场秩序的监督和管理，涉及企业登记、市场交易、广告宣传、产品质量等多个方面；税务部门负责税收征管，涉及企业的纳税申报、税务稽查、税收优惠等多个方面；环境保护部门负责环境监管，涉及企业的污染排放、环保设施、生态保护等多个方面。通过广泛的执法领域，行政机关能够全面监督和管理经济活动，保障经济法律规范的有效实施。行政机关的执法手段多样，能够根据不同的违法行为采取相应的执法措施。如对于轻微违法行为，行政机关可以采取警告、责令改正等教育和纠正措施；对于严重违法行为，行政机关可以采取罚款、吊销许可证、停止生产经营等处罚措施；对于涉嫌犯罪的行为，行政机关可以依法移送司法机关，追究刑事责任。此外，行政机关还可以通过制定和实施行政法规、行政命令等规范性文件，指导和规范经济主体的行为，预防和减少违法行为的发生。通过广泛性和多样性的保障，行政实施能够全面、系统地监督和管理经济活动，保障经济法律规范的有效实施。行政实施方式具有主动性和及时性、广泛性和多样性等特点。这些特点保证了行政机关在经济法实施过程中能够迅速响应和处理违法行为，全面、系统地监督和管理经济活动，保障经济法律规范的有效实施，维护市场秩序和公共利益。

经济法的实施具有司法实施和行政实施两种主要方式，每种方式都有其独特的特点和机制。司法实施方式具有公正性和独立性、强制性和约束力等特点，通过法院的裁判活动，保障经济法律规范的公正适用，解决经济纠纷，维护法律的权威和社会秩序。行政实施方式具有主动性和及时性、广泛性和多样性等特点，通过行政机关的监督和执法活动，保障经济法律规范的有效实施，发现和处理违法行为，维护市场秩序和公共利益。在未来的发展中，通过进一步完善经济法的实施机制，推动司法实施和行政实施的协同合作，可以更好地实现经济法的目标，保障社会的公平和正义，为经济的繁荣和社会的进步作出更大贡献。

三、经济公益诉讼

经济公益诉讼是指为了维护社会公共利益而提起的诉讼，它在经济法的实施中发挥着重要作用。通过公益诉讼，可以有效地监督和制约违法行为，保护社会公共利益，促进社会公平正义。现从公益诉讼的内涵、公益诉讼的本质和我国公益诉讼制度的实施三个方面详细探讨经济公益诉讼。

（一）公益诉讼的内涵

公益诉讼的内涵是指其基本概念和核心内容，理解公益诉讼的内涵对于正确认识和运用这一法律制度具有重要意义。

一是公益诉讼的基本概念。公益诉讼是指为了保护社会公共利益而提起的诉讼。与私人诉讼不同，公益诉讼的原告并不是为了自身的利益，而是为了保护社会公共利益。公益诉讼的目的在于通过法律手段，制止和纠正损害社会公共利益的行为，维护社会秩序和公共利益。公益诉讼的主体具有广泛性，既可以是国家机关、社会团体，也可以是个人。如在环境保护领域，环保组织可以作为公益诉讼的主体，提起诉讼，制止和纠正污染行为；在消费者权益保护领域，消费者协会可以作为公益诉讼的主体，提起诉讼，维护消费者的合法权益。公益诉讼的对象具有公共性，涉及社会公共利益。如环境污染、食品药品安全、消费者权益等，都是公益诉讼的对象，通过公益诉讼，可以有效地保护这些公共利益，促进社会公平正义。

二是公益诉讼的核心内容。公益诉讼的核心内容包括诉讼主体、诉讼对象和诉讼目的。诉讼主体是指提起公益诉讼的主体，可以是国家机关、社会团体，也可以是个人。诉讼主体具有广泛性，可以根据具体情况和法律规定确定。诉讼对象是指公益诉讼针对的行为或事件，通常是损害社会公共利益的行为或事件。如环境污染、食品药品安全问题、消费者权益受损等，都是公益诉讼的对象，通过公益诉讼，可以制止和纠正这些行为，保护社会公共利益。最后诉讼目的是指提起公益诉讼的目的，通常是为了制止和纠正损害社会公共利益的行为，维护社会公共利益。通过公益诉讼，可以发挥法律的监督和制约作用，保护社会公共利益，促进社会公平正义。

三是公益诉讼的法律基础。公益诉讼的法律基础是指提起和审理公益诉讼的法律依据。公益诉讼的法律基础主要包括宪法、法律、法规等。如在环境保护领域，宪法规定了公民享有健康和良好环境的权利，环境保护法、环境影响评价法等法律法规规定了环境保护的基本制度和措施，为环境保护领域的公益诉讼提供了法律依据；在消费者权益保护领域，消费者权益保护法、食品安全法、药品管理法等法律法规规定了消费者权益保护的基本制度和措施，为消费者权益保护领域的公益诉讼提供了法律依据。通过法律基础的保障，公益诉讼能够依法提起和审理，发挥法律的监督和制约作用，保护社会公共利益。公益诉讼的内涵包括基本概念、核心内容和法律基础。通过明确公益诉讼的内涵，可以正确认识和运用这一法律制度，发挥其在保护社会公共利益、促进社会公平正义中的重要作用。

（二）公益诉讼的本质

公益诉讼的本质是指其核心属性和功能，理解公益诉讼的本质对于准确把握其作用和意义具有重要意义。

一是公益诉讼的公共性。公益诉讼的本质在于其公共性，即公益诉讼是为了保护社会公共利益而提起的诉讼。公益诉讼的原告是为了公共利益，而不是为了个人利益。如环保组织提起环境保护领域的公益诉讼，是为了制止和纠正污染行为，保护环境和公众健康，而不是为了自身的利益。公益诉讼的对象是损害社会公共利益的行为或事件，而不是私人纠纷。如公益诉讼针对的是环境污染、食品药品安全问题、消费者权益受损等，通过公益诉讼，可以制止和纠正这些行为，保护社会公共利益。此外，公益诉讼的结果具有公共性，可以产生广泛的社会影响和示范效应。如通过公益诉讼，法院可以作出具有普遍约束力的判决，制止和纠正损害社会公共利益的行为，维护社会公共利益，促进社会公平正义。

二是公益诉讼的监督性。公益诉讼的本质还在于其监督性，即通过公益诉讼，可以发挥法律的监督和制约作用，监督和制约违法行为，维护社会公共利益。公益诉讼可以对政府和企业的行为进行监督。如在环境保护领域，环保组织可以通过公益诉讼，监督和制约政府和企业的环境违法行为，保护环境和公众健康。公益诉讼可以对法律的实施进行监督。如通过公益诉讼，可以监督和制约政府和企业是否遵守环境保护法、食品安全法等法律法规，确保法律的有效实施。此外，公益诉讼还可以对社会公共利益的保护进行监督。如通过公益诉讼，可以监督和制约政府和企业是否履行保护环境、保障食品药品安全、保护消费者权益等社会责任，维护社会公共利益，促进社会公平正义。

三是公益诉讼的补充性。公益诉讼的本质还在于其补充性，即公益诉讼是对传统私人诉讼的补充和完善，弥补了私人诉讼在保护社会公共利益方面的不足。公益诉讼弥补了私人诉讼在保护社会公共利益方面的不足。如传统私人诉讼主要是为了保护个人利益，而公益诉讼是为了保护社会公共利益，通过公益诉讼，可以弥补传统私人诉讼在保护社会公共利益方面的不足。公益诉讼弥补了私人诉讼在诉讼主体方面的不足。如传统私人诉讼的原告主要是个人或企业，而公益诉讼的原告可以是国家机关、社会团体、个人等，通过公益诉讼，可以弥补传统私人诉讼在诉讼主体方面的不足。此外，公益诉讼弥补了私人诉讼在诉讼对象方面的不足。如传统私人诉讼的对象主要是私人纠纷，而公益诉讼的对象是损害社会公共利益的行为或事件，通过公益诉讼，可以弥补传统私人诉讼在诉讼对象方面的不足。通过补充性，公益诉讼可以完善法律体系，增强法律的保护功能，维护社会公共利益，促进社会公平正义。公益诉讼的本质包括公共性、监督性和补充性。通过明确公益诉讼的本质，可以准确把握其作用和意义，发挥其在保护社会公共利益、促进社会公平正义中的重要作用。

（三）我国公益诉讼制度的实施

我国公益诉讼制度的实施是指公益诉讼在我国法律体系中的具体运用和实践，理解我国公益诉讼制度的实施，对于推动公益诉讼的发展和完善具有重要意义。

一是我国公益诉讼制度的法律基础。我国公益诉讼制度的实施离不开法律基础的保障。我国宪法为公益诉讼提供了法律依据。宪法规定，公民有权通过法律途径，保护自己的合法权益，维护社会公共利益。我国法律法规为公益诉讼提供了具体依据。如《环境保护法》《消费者权益保护法》《食品安全法》等法律法规，规定了公民、社会团体和国家机关在环境保护、消费者权益保护、食品安全等领域提起公益诉讼的权利和程序。此外，最高人民法院发布的司法解释，对公益诉讼的具体实施作出详细规定。如《最高人民法院关于审理环境民事公益诉讼案件适用法律若干问题的解释》，对环境保护领域的公益诉讼作出详细规定，为环境公益诉讼的实施提供法律依据。通过法律基础的保障，我国公益诉讼制度得以有效实施，推动了公益诉讼的发展和完善。

二是我国公益诉讼制度的实施机制。我国公益诉讼制度的实施离不开有效的机制保障。我国建立了公益诉讼的主体机制。根据法律规定，国家机关、社会团体和个人可以作为公益诉讼的主体，提起公益诉讼，保护社会公共利益。如检察机关作为国家的法律监督机关，可以提起公益诉讼，监督和制约违法行为，维护社会公共利益；环保组织、消费者协会等社会团体，可以作为公益诉讼的主体，提起公益诉讼，保护环境和消费者权益。我国建立了公益诉讼的程序机制。根据法律规定，公益诉讼的程序包括起诉、审理、判决、执行等环节，确保公益诉讼的顺利进行。如公益诉讼的原告可以通过法院提起诉讼，法院依法受理，按照法定程序审理和判决，确保公益诉讼的公正和合法。此外，我国还建立了公益诉讼的保障机制。根据法律规定，公益诉讼的原告在提起诉讼时，可以享受诉讼费用减免、法律援助等保障措施，确保公益诉讼的顺利进行。如检察机关作为公益诉讼的原告，可以享受诉讼费用减免，降低诉讼成本，推动公益诉讼的发展和完善。通过实施机制的保障，我国公益诉讼制度得以有效运作，推动了公益诉讼的发展和完善。

三是我国公益诉讼制度的实施效果。我国公益诉讼制度的实施效果是衡量其实际作用和意义的重要标准。我国公益诉讼制度的实施，有效地保护了社会公共利益。如通过环境保护领域的公益诉讼，环保组织提起诉讼，制止和纠正环境污染行为，保护了环境和公众健康；通过消费者权益保护领域的公益诉讼，消费者协会提起诉讼，维护了消费者的合法权益，促进了社会公平正义。我国公益诉讼制度的实施，促进了法律的实施和完善。如通过公益诉讼，法院依法审理和判决，监督和制约违法行为，维护了法律的尊严和权威，推动了法律的实施和完善。此外，我国公益诉讼制度的实施，增强了公民的法律意识和社会责任感。如通过公益诉讼，公民积极参与和支持，增强了法律意识和社会责任感，推动了社会的和谐和可持续发展。通过实施效果的检验，我国公益诉讼制度得以不断发展和完善，发挥了重要的社会作用。我国公益诉讼制度的实施包括法律基础、实施机制和实施效果。通过明确我国公益诉讼制度的实施，可以推动公益诉讼的发展和完善，发挥其在保护社会公共利益、促进社会公平正义中的重要作用。

经济公益诉讼在经济法的实施中具有重要作用，通过明确公益诉讼的内涵、公益诉讼的本质和我国公益诉讼制度的实施，可以更好地理解和运用这一法律制度，推动公益诉讼的发展和完善。通过公益诉讼，可以有效地监督和制约违法行为，保护社会公共利益，促进社会公平正义。在未来的发展中，通过进一步完善公益诉讼的法律基础、实施机制和保障措施，可以更好地实现经济法的目标，保障社会的公平和正义，为经济的繁荣和社会的进步作出更大贡献。

第四章　公司法律制度

第一节　公司法概述

一、公司的概念和法律特征

公司是现代经济社会中最重要的市场主体之一，其独特的法律地位和特征使其在经济活动中发挥着举足轻重的作用。公司法作为调整公司设立、运营、管理和解散等法律关系的专门法律，旨在规范公司行为，保障股东和债权人的合法权益，促进经济发展。理解公司的概念和法律特征，是研究和运用公司法的基础。现从公司股东责任的有限性、公司的营利性、公司是企业法人、公司必须依法设立四个方面，详细探讨公司的概念和法律特征。

（一）公司股东责任的有限性

公司股东责任的有限性是公司的一个基本法律特征，指股东对公司的债务承担有限责任。具体来说，股东以其出资额为限对公司债务承担责任，而不是以其个人财产对公司债务承担连带责任。

一是公司股东责任有限性的法律基础。公司股东责任的有限性源于公司法的相关规定。公司法明确规定，公司是独立的法人，股东以其认缴的出资额或认购的股份为限对公司承担责任。这意味着，公司的债务应由公司以其全部资产来清偿，而股东只在其出资或持股范围内对公司债务承担责任。如根据《中华人民共和国公司法》第三条规定，公司是企业法人，有独立的法人财产，享有法人财产权。公司股东以其认缴的出资额为限对公司承担责任。这一法律规定明确了公司和股东之间的责任界限，保障了股东的有限责任。

二是公司股东责任有限性的经济意义。股东责任的有限性对经济发展具有重要意义。它降低了投资者的风险，激励了投资者的积极性，促进了资本的积累和企业的发展。由于股东的责任是有限的，即使公司经营失败，股东最多也只会损失其投入的资本，而不会因此而承担超出其出资额的额外债务，这大大降低了投资风险，吸引了更多的投资者进入市场。有限责任制度有助于优化资源配置，提高经济效率。由于投资者的风险降低，资本市场可以更有效地筹集资金，促进资源的合理配置和利用，推动经济的繁荣和发展。

三是公司股东责任有限性的法律保障。为了保障股东责任的有限性，公司法对公司的组织和管理结构作出具体规定。如公司应当设立股东会、董事会和监事会，形成科学合理的公司治理结构，确保公司的独立运作和股东的有限责任。此外，公司法还规定了公司的注册资本制度，要求公司在设立时应当依法确定注册资本，并以注册资本为基础进行经营活动，保障公司财产的独立性和完整性。如根据《中华人民共和国公司法》第五十九条规定，公司应当依法设立财务会计制度，保证财务会计资料的真实、完整。这一法律规定要求公司建立健全的财务管理制度，确保公司财产的独立性和股东责任的有限性。

四是公司股东责任有限性的例外情况。虽然公司股东责任通常是有限的，但在某些特殊情况下，法律也规定了股东对公司债务承担连带责任的例外。如在公司设立时，如果股东未依法履行出资义务，或者在公司经营过程中，股东滥用公司法人独立地位和股东有限责任，损害公司债权人利益的，法律规定股东应对公司债务承担连带责任。这些例外规定是为了防止股东滥用有限责任，保障公司债权人的合法权益。如根据《中华人民共和国公司法》第二十条规定，公司股东不得滥用股东权利损害公司或其他股东的利益，不得滥用公司法人独立地位和股东有限责任逃避债务，损害公司债权人的利益。违反前款规定，给公司或其他股东、债权人造成损失的，应当依法承担赔偿责任。

（二）公司的营利性

公司的营利性是指公司以营利为目的，通过合法的商业活动获取利润并分配给股东。公司的营利性是公司作为市场主体的重要特征之一，也是公司设立和运营的根本动机。

一是公司的营利性在法律上的体现。公司法明确规定了公司的营利性，要求公司在设立和运营过程中以营利为目的。如根据《中华人民共和国公司法》第二条规定，公司是指依照本法在中国境内设立的有限责任公司和股份有限公司。本法所称公司是企业法人，有独立的法人财产，享有法人财产权。公司以营利为目的，通过合法的商业活动获取利润，并按照公司章程规定的分配方式，将利润分配给股东。这一法律规定明确了公司的营利性，为公司的设立和运营提供了法律依据。

二是公司的营利性在经济活动中的表现。公司的营利性主要体现在其经济活动中，通过生产、经营、销售产品或提供服务获取利润。如制造业公司通过生产和销售产品获取利润；服务业公司通过提供服务获取利润；金融业公司通过提供金融产品和服务获取利润。公司的营利性决定了公司在市场中的行为和策略，包括市场定位、产品开发、营销策略等。如一家制造业公司会通过技术创新和生产工艺改进，提升产品质量和生产效率，从而降低成本，增加利润；一家服务业公司会通过提升服务质量和客户满意度，扩大市场份额，从而增加营业收入，获取利润。

三是公司的营利性对经济发展的促进作用。公司的营利性对经济发展具有重要促进作用。公司通过追求利润，推动了技术创新和产业升级。如为了在市场竞争中获得优势，公司会不断进行技术创新和产品研发，提高产品质量和生产效率，从而推动产业的技术进步和升级。公司通过营利活动，增加了社会财富和就业机会。如公司通过生产和销售产品或提供服务获取利润，不仅增加了企业自身的收入和利润，也为社会创造了财富和就业机会，促进了经济发展和社会进步。此外，公司通过利润分配，增加了股东的财富和消费能力。如公司将利润按照公司章程规定的分配方式，分配给股东，增加了股东的财富和消费能力，促进了消费增长和经济繁荣。

四是公司的营利性与社会责任的平衡。虽然公司的主要目的是追求利润，但在现代社会，公司也应当承担一定的社会责任，实现经济效益和社会效益的平衡。如公司在追求利润的同时应当遵守法律法规，保护环境，保障劳动者权益，维护消费者权益，参与社会公益活动，促进社会和谐发展。如一家制造业公司在追求利润的同时应当采取有效的污染防治措施，减少对环境的污染和破坏，履行环境保护责任；一家服务业公司在追求利润的同时应当保障员工的合法权益，提供安全、健康的工作环境，履行劳动者权益保护责任。通过实现营利性与社会责任的平衡，公司不仅可以获得经济效益，也可以赢得社会认可和信任，促进可持续发展。公司的营利性是公司作为市场主体的重要特征之一，对经济发展具有重要促进作用。通过追求利润，公司推动了技术创新和产业升级，增加了社会财富和就业机会，促进了经济发展和社会进步。同时公司也应当承担一定的社会责任，实现经济效益和社会效益的平衡，促进可持续发展。

（三）公司是企业法人

这是指公司具有独立的法律人格，享有民事权利能力和行为能力，能够独立承担民事责任。这是公司作为市场主体的重要特征之一，也是公司法的基本原则。

一是公司的法人资格。公司的法人资格是指公司在法律上被认定为独立的法人，享有民事权利能力和行为能力，能够独立承担民事责任。如根据《中华人民共和国公司法》第二条的规定，公司是企业法人，有独立的法人财产，享有法人财产权。公司依法享有民事权利，履行民事义务，能够以自己的名义进行民事活动，独立承担民事责任。这一法律规定明确了公司的法人资格，为公司的设立和运营提供了法律基础。

二是公司的独立财产。公司的独立财产是指公司拥有独立于股东的财产，能够以自己的名义拥有和管理财产，进行生产经营活动。如根据《中华人民共和国公司法》第三条的规定，公司应当依法设立财务会计制度，保证财务会计资料的真实、完整。公司财产独立于股东的财产，公司应当以自己的财产对公司的债务承担责任。这一法律规定明确了公司的独立财产，为公司的独立运作提供了保障。三是公司的独立责任。公司的独立责任是指公司对外以自己的财产独立承担民事责任，而不是由股东承担。如公司在经营过程中，如果发生债务，公司应当以自己的财产清偿债务，而不是由股东承担债务责任。这一规定不仅保障了股东的有限责任，也保障了公司债权人的合法权益。如根据《中华人民共和国公司法》第三条规定，公司应当以自己的财产对公司的债务承担责任。这一法律规定明确了公司的独立责任，为公司债权人的合法权益提供保障。

四是公司的法人行为。公司的法人行为是指公司以自己的名义进行民事活动，享有民事权利，履行民事义务。如公司可以以自己的名义签订合同，进行买卖、租赁、借贷等民事活动，独立承担相应的权利和义务。这一规定保障了公司的法律地位和行为能力，使公司能够独立进行生产经营活动，参与市场竞争。如根据《中华人民共和国公司法》第二条规定，公司依法享有民事权利，履行民事义务，能够以自己的名义进行民事活动，独立承担民事责任。这一法律规定明确了公司的法人行为，为公司的独立运作提供了法律保障。公司是企业法人，保障了公司的法律地位和行为能力，使公司能够独立进行生产经营活动，参与市场竞争。通过法律保障和管理制度的完善，公司法人资格的确立不仅保障了股东的有限责任，也保障了公司债权人的合法权益，促进了经济活动的有序进行和社会的繁荣发展。

（四）公司必须依法设立

这是指公司在设立过程中必须遵守法律法规的规定，履行必要的法律程序，取得合法的公司身份。依法设立是公司获得法律保护和合法经营资格的前提和基础。

一是公司的设立程序。公司的设立程序是指公司在设立过程中必须履行的法律程序，包括公司名称预先核准、公司章程制定、公司登记注册等。如根据《中华人民共和国公司法》第七条规定，设立公司应当依法向公司登记机关申请设立登记，申请设立登记应当提交公司章程、股东出资情况等材料，符合公司法规定条件的，由公司登记机关登记注册，颁发公司营业执照。这一法律规定明确了公司的设立程序，为公司的合法设立提供了法律依据。

二是公司的名称预先核准。这是指公司在设立过程中，必须先向公司登记机关申请名称预先核准，确保公司名称的唯一性和合法性。如根据《中华人民共和国公司法》第九条规定，公司名称应当符合国家有关规定，名称预先核准后，申请人应当在核准后的六个月内办理设立登记，逾期未办理的，名称预先核准失效。这一法律规定明确了公司的名称预先核准程序，为公司名称的合法性提供了保障。

三是公司的章程制定。这是指公司在设立过程中，必须制定公司章程，明确公司的组织结构、经营范围、股东权利义务等内容。如根据《中华人民共和国公司法》第十一条的规定，公司章程应当载明公司的名称和住所、公司的经营范围、公司注册资本、股东的出资方式和出资额、公司的组织机构及其产生办法、职权、议事规则、公司法定代表人的产生办法和职权、股东会会议认为需要规定的其他事项。这一法律规定明确了公司的章程制定要求，为公司的内部管理和合法经营提供了法律依据。

四是公司的登记注册。公司的登记注册是指公司在设立过程中，必须向公司登记机关申请设立登记，取得公司营业执照，获得合法的公司身份。如根据《中华人民共和国公司法》第七条的规定，设立公司应当依法向公司登记机关申请设立登记，符合公司法规定条件的，由公司登记机关登记注册，颁发公司营业执照。公司营业执照签发日期为公司成立日期。这一法律规定明确了公司的登记注册程序，为公司的合法设立和合法经营提供了法律依据。公司必须依法设立是指公司在设立过程中必须遵守法律法规的规定，履行必要的法律程序，取得合法的公司身份。依法设立是公司获得法律保护和合法经营资格的前提和基础。通过明确公司的设立程序、名称预先核准、章程制定和登记注册，公司能够合法设立和合法经营，保障股东和债权人的合法权益，促进经济活动的有序进行和社会的繁荣发展。

公司的概念和法律特征包括公司股东责任的有限性、公司的营利性、公司是企业法人、公司必须依法设立。公司股东责任的有限性保障了投资者的积极性和资本市场的繁荣；公司的营利性推动了技术创新和产业升级，促进了经济发展和社会进步；公司作为企业法人，具有独立的法律人格和行为能力，能够独立进行生产经营活动，参与市场竞争；公司必须依法设立，通过履行必要的法律程序，取得合法的公司身份，保障股东和债权人的合法权益。通过对公司概念和法律特征的理解，可以更好地运用公司法，规范公司行为，促进经济活动的有序进行和社会的繁荣发展。

二、公司的分类

公司是现代经济社会中的重要市场主体，其分类方式多种多样，不同的分类方式适用于不同的法律和经济需求。通过对公司的分类，可以更好地理解公司在法律上的地位和作用，及其在经济活动中的具体表现。现从公司的法律分类、所有制分类、规模分类、产业分类四个方面详细探讨公司的分类。

（一）公司的法律分类

公司的法律分类主要是依据法律规定的公司形式进行分类，不同的公司形式具有不同的法律特征和法律地位。了解公司的法律分类，有助于更好地理解和运用公司法。

一是有限责任公司。有限责任公司是指由一定人数的股东出资设立，股东以其出资额为限对公司承担责任，公司以其全部资产对公司债务承担责任的企业法人。有限责任公司具有法人资格，能够以自己的名义进行民事活动，独立承担民事责任。有限责任公司是一种典型的公司形式，广泛应用于各种中小型企业和家庭企业。

二是股份有限公司。股份有限公司是指由一定人数的股东通过认购股份而设立，公司资本划分为等额股份，股东以其认购的股份为限对公司承担责任，公司以其全部资产对公司债务承担责任的企业法人。股份有限公司也是一种具有法人资格的企业，能够以自己的名义进行民事活动，独立承担民事责任。股份有限公司通常适用于大型企业和公众公司，其资本可以通过发行股票在资本市场上筹集。

三是两合公司和合作公司。两合公司是指由一个或一个以上普通合伙人和一个或一个以上有限合伙人共同出资设立，普通合伙人对公司债务承担无限责任，有限合伙人以其出资额为限对公司债务承担责任的公司形式。合作公司则是指由多个股东共同出资设立，各股东按其出资比例分享收益和承担风险的公司形式。这两种公司形式在某些特殊行业和领域中都具有独特的优势和应用。四是特殊类型的公司。除了上述常见的公司形式外，还有一些特殊类型的公司，如国有独资公司、外商独资公司、合资公司等。这些特殊类型的公司在法律地位、经营范围、治理结构等方面具有一定的特殊性和复杂性。了解这些特殊类型的公司，有助于更好地理解和运用公司法，特别是在涉及跨国投资和国际贸易的场合。

（二）公司的所有制分类

公司的所有制分类是依据公司的所有权结构进行分类，不同所有制形式的公司在产权关系、治理结构、经营模式等方面具有不同的特点和要求。通过对公司的所有制分类，可以更好地理解公司的产权关系和治理结构。一是国有企业。国有企业是指由国家投资设立或国家控股的企业，国家对企业拥有所有权并通过行政手段对企业进行管理和控制。国有企业在国民经济中具有重要地位，承担着一定的社会责任和公共职能。了解国有企业的特点和运作模式，有助于理解国家在经济活动中的作用和影响。二是私营企业。私营企业是指由私人投资设立并完全由私人所有和控制的企业。私营企业在市场经济中占据主导地位，其运作机制和治理结构相对灵活，能够迅速适应市场变化和竞争环境。私营企业的特点和发展趋势，对于理解市场经济的运行机制和企业行为具有重要意义。三是集体企业。集体企业是指由集体经济组织或成员共同投资设立，产权归集体所有，利益由集体成员共享的企业。集体企业在某些特定领域和区域具有独特的优势，如农村合作社和城镇集体企业。集体企业的特点和运作模式，对于理解集体经济和合作经济的发展具有参考价值。四是混合所有制企业。混合所有制企业是指由国家、集体和私人等多种所有制主体共同投资设立，产权结构多元化的企业。混合所有制企业结合了多种所有制形式的优势，能够在一定程度上实现资源的优化配置和利益的共享共担。混合所有制企业的特点和发展趋势，对于理解现代企业制度的创新和改革具有重要启示。

（三）公司的规模分类

公司的规模分类是依据公司在经济活动中的规模和影响进行分类，不同规模的公司在资源配置、经营模式、市场竞争等方面具有不同的特点和挑战。通过对公司的规模分类，可以更好地理解公司的经营策略和市场定位。一是小微企业。小微企业是指资产规模和营业收入较小，员工人数较少的企业。小微企业在国民经济中占据重要地位，是推动创新创业和增加就业的重要力量。小微企业的特点和发展模式，对于理解创新型经济和就业政策具有重要意义。二是中型企业。中型企业是指资产规模和营业收入适中，员工人数较多的企业。中型企业在市场竞争中具有一定的优势，能够实现规模效应和协同效应。中型企业的特点和发展趋势，对于理解企业成长和市场竞争具有参考价值。三是大型企业。大型企业是指资产规模和营业收入较大，员工人数众多的企业。大型企业在国民经济中具有重要地位，能够在市场中发挥引领和示范作用。大型企业的特点和发展模式，对于理解现代企业治理和全球化竞争具有重要意义。四是超大型企业。超大型企业是指资产规模和营业收入极大，员工人数极多，具有跨国经营能力的企业。超大型企业在全球经济中具有重要影响力，能够在国际市场中进行资源配置和战略布局。超大型企业的特点和发展趋势，对于理解全球化经济和跨国公司治理具有重要启示。

（四）公司的产业分类

公司的产业分类是依据公司所属的产业和行业进行分类，不同产业的公司在市场需求、技术创新、政策环境等方面具有不同的特点和要求。通过对公司的产业分类，可以更好地理解公司的行业特性和发展路径。

一是制造业公司。制造业公司是指从事原材料加工、产品制造和销售的公司。制造业公司在国民经济中占据重要地位，是推动工业化和现代化的重要力量。制造业公司的特点和发展模式，对于理解工业经济和技术进步具有重要意义。

二是服务业公司。服务业公司是指提供各类服务，如金融、教育、医疗、旅游等的公司。服务业公司在现代经济中占据越来越重要的地位，是推动经济结构转型和提升生活质量的重要力量。服务业公司的特点和发展趋势，对于理解现代服务经济和消费升级具有参考价值。

三是金融业公司。金融业公司是指提供金融产品和服务，如银行、保险、证券等的公司。金融业公司在市场经济中具有重要地位，能够通过资本运作和风险管理促进经济发展。金融业公司的特点和发展模式，对于理解金融市场和金融监管具有重要意义。四是科技公司。科技公司是指从事高新技术研发、应用和推广的公司。科技公司在现代经济中具有重要影响力，是推动技术创新和产业升级的重要力量。科技公司的特点和发展趋势，对于理解创新驱动发展和技术革命具有重要启示。

公司的分类方式多种多样，不同的分类方式反映了公司在法律地位、所有权结构、经营规模、行业特性等方面的不同特点。通过对公司的法律分类、所有制分类、规模分类和产业分类的探讨，可以更全面地理解公司的多样性和复杂性，从而更好地运用公司法，规范公司行为，促进经济活动的有序进行和社会的繁荣发展。

三、公司债券

公司债券是公司为筹集资金而发行的一种重要金融工具。公司债券发行不仅为公司提供了资本来源，也为投资者提供了一种稳定的投资选择。理解公司债券的概念、分类、发行和交易，有助于更好地把握公司融资和资本市场的运行机制。现从公司债券的概念、公司债券的主要分类、公司债券的发行和交易三个方面详细探讨公司债券的相关内容。

（一）公司债券的概念

公司债券作为一种金融工具，具有其独特的定义和法律特征。深入理解公司债券的概念，有助于明确其在公司融资中的地位和作用。一是公司债券的基本定义。公司债券是指公司依照法律规定和合同约定，在特定期限内向投资者发行并承诺按期支付利息和到期偿还本金的一种有价证券。公司债券的发行人为公司，购买人为投资者，投资者通过购买公司债券向公司提供资金，公司则通过支付利息和本金回报投资者。公司债券的核心特点是其固定收益特性，即投资者在持有公司债券期间，可以按期获得约定的利息收入，并在债券到期时收回本金。二是公司债券的法律性质。公司债券作为一种有价证券，具有特定的法律性质。公司债券是一种债权凭证，持有公司债券的投资者对发行公司享有债权，发行公司负有按期支付利息和到期偿还本金的义务。公司债券是一种合同，发行公司与投资者之间通过债券发行合同确定权利义务关系，双方应当严格履行合同约定。再次，公司债券是一种市场工具，可以在证券交易市场上进行买卖和流通，投资者可以通过交易获得流动性。

三是公司债券的经济意义。公司债券在公司融资和资本市场中具有重要的经济意义。对于公司而言，发行债券是一种重要的融资方式，可以通过债券市场筹集大额资金，满足经营和发展的需要；同时债券融资相对股权融资而言，不会稀释公司的控制权，对于股东利益具有保护作用。对于投资者而言，公司债券提供了一种固定收益的投资选择，可以在一定程度上规避市场风险，获得稳定的回报。此外，公司债券的发行和交易活动还促进资本市场的发展和完善，提高市场的流动性和资金的配置效率。

四是公司债券的风险特征。公司债券作为一种金融工具，具有一定的风险特征。信用风险，即发行公司不能按期支付利息或到期偿还本金的风险。信用风险取决于发行公司的信用状况和财务状况，信用等级较高的公司债券风险较低，而信用等级较低的公司债券风险较高。利率风险，即市场利率变动对公司债券价格的影响。当市场利率上升时，公司债券价格通常会下降，反之亦然。再次是流动性风险，即公司债券在市场上买卖的难易程度。如果公司债券的交易不活跃，投资者在需要变现时面临流动性困难。了解公司债券的风险特征，有助于投资者在进行投资决策时更好地评估风险和收益。

（二）公司债券的主要分类

公司债券的分类多种多样，根据不同的标准，可以将公司债券划分为不同的类型。了解公司债券的主要分类，有助于投资者和公司更好地选择合适的债券品种。

一是按发行主体分类。根据发行主体的不同，公司债券可以分为普通公司债券和金融公司债券。普通公司债券是指由非金融企业发行的债券，这类债券发行主体广泛，包括制造业、服务业等各类企业。金融公司债券是指由金融机构发行的债券，如银行债券、保险公司债券等，这类债券发行主体为金融机构，其风险特征和收益特性与普通公司债券有所不同。

二是按债券期限分类。根据债券的期限不同，公司债券可以分为短期债券、中期债券和长期债券。短期债券是指期限在一年以内的债券，这类债券通常用于满足公司短期资金需求，流动性较强。中期债券是指期限在一年至五年之间的债券，这类债券适用于公司中期资金需求，风险和收益相对平衡。长期债券是指期限在五年以上的债券，这类债券适用于公司长期资金需求，收益较高但风险也相对较大。

三是按债券形式分类。根据债券形式的不同，公司债券可以分为记名债券和不记名债券。记名债券是指在债券上记载债权人姓名的债券，持有人须向发行公司登记，其转让须经过一定的手续。不记名债券是指不记载债权人姓名的债券，持有人即为债权人，其转让相对简单便捷。此外还有电子债券，这类债券以电子形式存在，不再以实物债券形式存在，其发行和交易均通过电子平台进行。

四是按债券信用等级分类。根据债券信用等级的不同，公司债券可以分为投资级债券和投机级债券。投资级债券是指信用等级较高、违约风险较低的债券，这类债券通常由信用评级机构评定为BBB级以上。投机级债券是指信用等级较低、违约风险较高的债券，这类债券通常由信用评级机构评定为BB级以下。信用等级是投资者选择公司债券的重要参考指标，信用等级越高的债券风险越低，收益也相对较低；信用等级越低的债券风险越高，收益也相对较高。

（三）公司债券的发行和交易

公司债券的发行和交易是公司融资和投资者投资的重要环节，了解公司债券的发行和交易过程，有助于公司和投资者更好地进行资本运作。

一是公司债券的发行程序。公司债券的发行需要经过一系列法律程序和审批流程。公司应当根据自身融资需求和市场情况，制定债券发行方案，确定债券的种类、期限、利率、发行方式等具体内容。公司应当向证券监管机构提交债券发行申请，并提供相关材料，如公司财务报表、债券发行说明书等。证券监管机构对公司提交的申请材料进行审核，确认公司是否符合债券发行的条件和要求。审核通过后，公司可以进行债券发行，包括公开发行和私募发行两种方式。公开发行是指公司通过证券市场向公众投资者发行债券，须经过证券交易所或证券承销机构的协助。私募发行是指公司向特定投资者发行债券，发行对象通常为机构投资者。

二是公司债券的交易市场。公司债券发行后，可以在证券市场上进行交易。公司债券的交易市场主要包括场内市场和场外市场。场内市场是指证券交易所设立的债券交易市场，投资者可以通过证券公司在交易所进行债券买卖，交易过程透明，价格公开。场外市场是指证券交易所以外的债券交易市场，投资者可以通过银行、金融机构等渠道进行债券买卖，交易灵活，但价格信息不如场内市场公开透明。公司债券的交易市场为投资者提供了流动性，使投资者可以根据需要进行债券的买卖和投资组合的调整。

三是公司债券的交易价格。公司债券的交易价格受到多种因素的影响，包括市场利率、公司信用状况、供求关系等。市场利率是影响公司债券价格的重要因素，当市场利率上升时，公司债券价格通常会下降；当市场利率下降时，公司债券价格通常会上升。公司信用状况也是影响公司债券价格的重要因素，公司信用等级越高，债券价格越高；公司信用等级越低，债券价格越低。此外，市场供求关系也会影响公司债券价格，当市场上债券供过于求时，债券价格会下降；当市场上债券供不应求时，债券价格会上升。

四是公司债券的风险管理。公司债券的投资和交易具有一定风险，为了降低风险，投资者和公司应当采取有效的风险管理措施。投资者在购买公司债券时，应当对发行公司的信用状况和财务状况进行充分调查和评估，选择信用等级较高、财务状况良好的公司债券。投资者应当进行合理的投资组合，通过分散投资降低单一债券的风险。其次，公司在发行债券时，应当制订科学的债务管理计划，合理安排债务结构，避免债务集中到期和偿债压力。最后，证券监管机构应当加强对公司债券市场的监管，建立健全的市场规则和风险预警机制，保护投资者的合法权益，维护市场的稳定和健康发展。

公司债券作为公司融资和投资者投资的重要工具，具有其独特的概念、分类、发行和交易特征。通过对公司债券的深入了解，可以更好地把握公司融资和资本市场的运行机制，促进公司融资活动的规范化和市场化。同时投资者在进行公司债券投资时，也应当充分认识其风险特征，采取有效的风险管理措施，确保投资的安全性和收益性。总之，公司债券在现代经济活动中具有重要的作用和意义，是公司融资和资本市场发展的重要组成部分。

四、公司财务、会计

公司财务和会计是企业管理的基础，其核心在于对公司资金的筹集、使用和分配的科学管理，以及对公司财务活动的全面记录和报告。公司财务和会计不仅要符合法律法规的要求，还要确保公司运营的效率和透明度。深入理解公司财务和会计的基本原则、制度构建和报告编制，有助于提升公司治理水平和市场竞争力。

（一）公司财务管理的基本原则

公司财务管理的基本原则是指导公司进行财务活动的根本准则。这些原则包括资金筹集、资金使用和利润分配等方面的基本要求，确保公司财务活动的合法性、科学性和有效性。

一是资金筹集原则。资金筹集是公司财务管理的起点，涉及公司如何通过多种渠道获取所需资金。公司可以通过股权融资、债务融资和内部积累等方式筹集资金。股权融资包括发行股票、吸收股东投资等；债务融资包括发行公司债券、银行贷款等；内部积累则是通过公司的经营活动积累利润。资金筹集的基本原则是成本效益原则，即公司在筹集资金时，应当综合考虑资金成本和效益，选择成本较低、效益较高的融资方式。资金筹集不仅要满足公司的资金需求，还要控制融资成本，避免过度负债和财务风险。如公司在选择债务融资时，应当权衡利率水平、还款期限和公司现金流状况，确保公司能够按期偿还债务，避免因债务压力导致的财务困境。

二是资金使用原则。资金使用是公司财务管理的重要环节，涉及公司如何科学合理地使用所筹集的资金，支持公司业务发展和战略目标实现。资金使用的基本原则是投资回报原则，即公司在进行投资决策时，应当充分考虑投资的回报率和风险水平，选择回报率较高、风险较低的投资项目。公司应当制订科学的投资计划，对投资项目进行充分的可行性研究和风险评估，确保资金的高效使用。如公司在进行固定资产投资时，应当综合考虑投资项目的市场前景、技术水平、成本效益等因素，选择那些能够提升公司核心竞争力和市场地位的项目。资金使用还应当遵循财务稳健原则，即公司在进行投资活动时，应当保持适度的财务杠杆，避免过度投资和高风险投资，确保公司财务状况的稳健和安全。

三是利润分配原则。利润分配是公司财务管理的重点，涉及公司如何在实现盈利后，将利润在股东、公司和员工之间进行合理分配。利润分配的基本原则是公平合理原则，即公司在进行利润分配时，应当综合考虑股东的投资回报、公司的持续发展和员工的激励机制，确保各方利益的平衡和协调。公司应当制定科学的利润分配政策，对利润的分配比例、分配方式和分配程序进行明确规定，确保利润分配的透明、公平和合理。如公司在进行股利分配时，应当根据公司的盈利情况、资本结构和发展战略，确定合理的股利分配比例，既要保障股东的投资回报，也要留存足够的利润支持公司的再投资和持续发展。利润分配还应当遵循激励相容原则，即公司在进行利润分配时，应当充分考虑员工的激励机制，通过合理的薪酬和福利制度，激发员工的工作积极性和创造力，促进公司整体绩效的提升。

（二）公司会计制度的构建

公司会计制度是公司财务管理的重要组成部分，涉及公司财务活动的记录、报告和监督。科学合理的会计制度，有助于提升公司财务管理的规范性、透明度和有效性。

一是会计核算原则。会计核算是公司会计制度的基础，涉及公司财务活动的记录和分类。会计核算的基本原则是权责发生制原则和配比原则。权责发生制原则是指公司应当在财务活动发生时进行会计记录，而不是在现金流入或流出时进行记录。配比原则是指公司应当在同一会计期间内，将收入和与其相关的费用进行配比，确保财务报表的准确性和一致性。如公司在进行收入确认时，应当根据权责发生制原则，将销售收入在产品交付或服务提供时进行确认，而不是在收到款项时进行确认。这一原则确保了财务报表的及时性和准确性，反映了公司的真实财务状况和经营成果。

二是会计监督制度。会计监督是公司会计制度的重要组成部分，涉及对公司财务活动的监督和检查。会计监督的基本原则是独立性原则和真实性原则。独立性原则是指会计监督机构应当保持独立性，不受公司管理层的干预和影响，确保监督工作的客观公正。真实性原则是指会计监督机构应当对公司的财务活动进行真实、全面的检查，确保财务报表的真实性和可靠性。会计监督制度包括内部审计和外部审计两部分。内部审计是指公司内部设立的审计部门对公司的财务活动进行监督和检查，确保公司内部控制制度的有效执行。外部审计是指公司委托独立的审计机构对公司的财务报表进行审计，出具审计报告，为投资者和其他利益相关者提供真实可靠的财务信息。

三是会计信息披露制度。会计信息披露是公司会计制度的重要环节，涉及公司财务信息的公开和传递。会计信息披露的基本原则是完整性原则和及时性原则。完整性原则是指公司应当全面、真实地披露其财务状况和经营成果，确保披露信息的完整性和准确性。及时性原则是指公司应当按照法律法规的要求，及时披露其财务信息，确保信息的时效性和透明度。会计信息披露制度包括定期报告和临时报告两部分。定期报告是指公司按年度、半年度和季度披露其财务报表和经营情况，确保投资者和其他利益相关者能够及时了解公司的财务状况和经营成果。临时报告是指公司在发生重大事项时，及时披露相关信息，确保信息的及时性和透明度。如公司在进行重大资产重组、关联交易或发生重大诉讼时，应当及时发布临时报告，向投资者和其他利益相关者披露相关信息，确保市场信息的对称性和透明度。

通过对公司财务管理的基本原则、公司会计制度的构建和公司财务报告的编制与披露的深入理解，可以提升公司治理水平和市场竞争力，确保公司财务活动的合法性、科学性和有效性。同时科学合理的财务管理和会计制度，有助于保护投资者和其他利益相关者的合法权益，促进公司长期健康发展。

五、公司合并和分立

公司合并和分立是公司重组的重要形式，通过合并和分立，公司可以实现资源的优化配置，提高市场竞争力，促进企业的发展与壮大。了解公司合并和分立的基本概念、法律程序及其对公司的影响，对于企业管理者和法律从业者来说，具有重要意义。现从公司合并和公司分立两个方面详细探讨相关内容。

（一）公司合并

公司合并是指两个或两个以上的公司合并成一个公司，合并后的公司可以是其中一个公司，也可以是新设立的公司。公司合并可以实现资源整合、市场拓展、提高竞争力等多种目的。公司合并的类型主要有吸收合并和新设合并，了解公司合并的程序和法律要求，有助于企业顺利完成合并，实现预期的经济效益。一是吸收合并。吸收合并是指一个公司吸收其他公司，被吸收的公司解散，其资产、负债和业务由吸收公司承继。吸收合并可以通过合同或股权收购等方式实现。吸收合并的程序主要包括合并决策、合并协议签订、债权人保护、政府审批、财务处理和法律文件办理等环节。

合并决策是吸收合并的第一步，参与合并的公司需要通过股东会或董事会决议，决定合并的必要性和可行性。合并决策应当经过充分的论证和评估，确保合并方案的科学性和合理性。合并协议是吸收合并的核心文件，参与合并的公司需要就合并的具体条款达成一致意见，并签订合并协议。合并协议应当包括合并方式、合并后的公司名称和住所、资产和负债的处理、员工安置、合并后的公司治理结构等内容。债权人保护是吸收合并的重要环节，参与合并的公司需要公告合并事项，通知债权人，并依法对债权人的利益进行保护。债权人有权要求公司清偿债务或提供相应担保，确保其合法权益不受损害。政府审批是吸收合并的法律程序之一，根据《公司法》和其他相关法律法规，某些行业和领域的公司合并需要经过相关政府部门的审批和备案。财务处理是吸收合并的技术环节，参与合并的公司需要进行财务审计和资产评估，明确合并前后的资产、负债和股东权益。法律文件办理是吸收合并的最后环节，参与合并的公司需要依法办理公司变更登记、股权变更登记和其他法律文件，确保合并的合法性和有效性。

二是新设合并。新设合并是指两个或两个以上的公司共同设立一个新公司，原公司解散，其资产、负债和业务由新设公司承继。新设合并的程序主要包括合并决策、合并协议签订、债权人保护、政府审批、财务处理和法律文件办理等环节，与吸收合并类似，但新设合并的重点在于新公司设立和原公司解散的处理。合并决策是新设合并的第一步，参与合并的公司需要通过股东会或董事会决议，决定合并的必要性和可行性。合并决策应当经过充分的论证和评估，确保合并方案的科学性和合理性。合并协议是新设合并的核心文件，参与合并的公司需要就合并的具体条款达成一致意见，并签订合并协议。合并协议应当包括新公司名称和住所、新公司的治理结构、资产和负债的处理、员工安置、原公司解散等内容。债权人保护是新设合并的重要环节，参与合并的公司需要公告合并事项，通知债权人，并依法对债权人的利益进行保护。债权人有权要求公司清偿债务或提供相应担保，确保其合法权益不受损害。政府审批是新设合并的法律程序之一，根据《公司法》和其他相关法律法规，某些行业和领域的公司合并需要经过相关政府部门的审批和备案。财务处理是新设合并的技术环节，参与合并的公司需要进行财务审计和资产评估，明确合并前后的资产、负债和股东权益。法律文件办理是新设合并的最后环节，参与合并的公司需要依法办理新公司设立登记、原公司解散登记、股权变更登记和其他法律文件，确保合并的合法性和有效性。

（二）公司分立

公司分立是指一个公司分为两个或两个以上的公司，分立后的公司可以是现有公司，也可以是新设公司。公司分立可以实现业务重组、资源优化和风险隔离等多种目的。公司分立的类型主要有存续分立和新设分立，了解公司分立的程序和法律要求，有助于企业顺利完成分立，实现预期的经济效益。

一是存续分立。存续分立是指一个公司将部分业务、资产和负债分立出去，设立一个或多个新公司，原公司继续存在。存续分立可以通过业务剥离、资产转移等方式实现。存续分立的程序主要包括分立决策、分立方案制定、债权人保护、政府审批、财务处理和法律文件办理等环节。分立决策是存续分立的第一步，公司需要通过股东会或董事会决议，决定分立的必要性和可行性。分立决策应当经过充分的论证和评估，确保分立方案的科学性和合理性。分立方案是存续分立的核心文件，公司需要制定详细的分立方案，明确分立后的业务、资产和负债的分配，新公司的设立和原公司存续的安排。分立方案应当包括分立方式、分立后的公司名称和住所、资产和负债的处理、员工安置、分立后的公司治理结构等内容。债权人保护是存续分立的重要环节，公司需要公告分立事项，通知债权人，并依法对债权人的利益进行保护。债权人有权要求公司清偿债务或提供相应担保，确保其合法权益不受损害。政府审批是存续分立的法律程序之一，根据《公司法》和其他相关法律法规，某些行业和领域的公司分立需要经过相关政府部门的审批和备案。财务处理是存续分立的技术环节，公司需要进行财务审计和资产评估，明确分立前后的资产、负债和股东权益。法律文件办理是存续分立的最后环节，公司需要依法办理新公司设立登记、原公司变更登记、股权变更登记和其他法律文件，确保分立的合法性和有效性。

二是新设分立。新设分立是指一个公司将其全部业务、资产和负债分立出去，设立两个或两个以上的新公司，原公司解散。新设分立的程序主要包括分立决策、分立方案制定、债权人保护、政府审批、财务处理和法律文件办理等环节，与存续分立类似，但新设分立的重点在于新公司设立和原公司解散的处理。分立决策是新设分立的第一步，公司需要通过股东会或董事会决议，决定分立的必要性和可行性。分立决策应当经过充分的论证和评估，确保分立方案的科学性和合理性。分立方案是新设分立的核心文件，公司需要制定详细的分立方案，明确分立后的业务、资产和负债的分配，新公司的设立和原公司解散的安排。分立方案应当包括分立方式、分立后的公司名称和住所、资产和负债的处理、员工安置、分立后的公司治理结构等内容。债权人保护是新设分立的重要环节，公司需要公告分立事项，通知债权人，并依法对债权人的利益进行保护。债权人有权要求公司清偿债务或提供相应担保，确保其合法权益不受损害。政府审批是新设分立的法律程序之一，根据《公司法》和其他相关法律法规，某些行业和领域的公司分立需要经过相关政府部门的审批和备案。财务处理是新设分立的技术环节，公司需要进行财务审计和资产评估，明确分立前后的资产、负债和股东权益。法律文件办理是新设分立的最后环节，公司需要依法办理新公司设立登记、原公司解散登记、股权变更登记和其他法律文件，确保分立的合法性和有效性。

公司合并和分立是公司重组的重要形式，通过合并和分立，公司可以实现资源的优化配置，提高市场竞争力，促进企业的发展与壮大。公司合并包括吸收合并和新设合并，涉及合并决策、合并协议签订、债权人保护、政府审批、财务处理和法律文件办理等环节。公司分立包括存续分立和新设分立，涉及分立决策、分立方案制定、债权人保护、政府审批、财务处理和法律文件办理等环节。通过对公司合并和分立的深入理解，可以更好地指导企业进行重组，实现预期的经济效益和法律合规。

六、公司增资和减资

公司增资和减资是公司资本结构调整的重要手段，通过增资和减资，公司可以优化资本结构，增强财务实力，适应市场变化和经营需求。了解公司增资和减资的基本概念、法律程序及其对公司的影响，对于公司管理者和法律从业者来说，具有重要意义。现从公司增资和公司减资两个方面详细探讨相关内容。

（一）公司增资

公司增资是指公司通过增加注册资本，向股东或社会公开募集资金，以增强公司的资本实力和市场竞争力。公司增资可以通过发行新股、资本公积转增资本等方式实现。增资程序需要依法进行，包括增资决策、资本注入和工商变更登记等环节。一是增资决策。增资决策是公司增资的第一步，公司需要通过股东会或董事会决议，决定增资的必要性和可行性。增资决策应当经过充分的论证和评估，确保增资方案的科学性和合理性。在增资决策过程中，公司应当考虑以下几个方面的因素：公司应当评估自身的资金需求和资本结构，确定增资的规模和方式。增资规模应当适度，不宜过大或过小，既要满足公司的资金需求，又要避免过度稀释股东权益。公司应当选择合适的增资方式，包括发行新股、资本公积转增资本等。发行新股是最常见的增资方式，公司可以通过公开发行或非公开发行新股，向社会募集资金。资本公积转增资本是指公司将资本公积金转为注册资本，增加公司资本金。

二是资本注入和工商变更登记。资本注入是公司增资的重要环节，股东或投资者需要根据增资决策，向公司注入资金，完成资本注入。资本注入的方式可以是现金、实物、知识产权等，公司应当依法办理相关手续，确保资本注入的合法性和有效性。在资本注入完成后，公司应当依法办理工商变更登记，将增资事项向工商行政管理部门备案，确保增资的合法性和有效性。工商变更登记包括提交增资决议、增资协议、验资报告、公司章程修正案等文件，工商行政管理部门审核通过后，核发新的营业执照，完成增资程序。

（二）公司减资

公司减资是指公司通过减少注册资本，调整资本结构，优化资源配置，以提高公司的经营效益和市场竞争力。公司减资可以通过减少股本、回购股份、减少注册资本等方式实现。减资程序需要依法进行，包括减资决策、资本减少和工商变更登记等环节。

一是减资决策。减资决策是公司减资的第一步，公司需要通过股东会或董事会决议，议定减资的必要性和可行性。减资决策应当经过充分的论证和评估，确保减资方案的科学性和合理性。在减资决策过程中，公司应当考虑以下几个方面的因素：公司应当评估自身的资本结构和经营状况，确定减资的规模和方式。减资规模应当适度，不宜过大或过小，既要优化公司的资本结构，又要避免对公司经营和股东权益造成不利影响。公司应当选择合适的减资方式，包括减少股本、回购股份、减少注册资本等。减少股本是指公司通过减少股份数量，降低公司的注册资本。回购股份是指公司通过回购部分股份，减少公司的股本总额。减少注册资本是指公司通过减少注册资本，调整公司的资本结构。

二是资本减少和工商变更登记。资本减少是公司减资的重要环节，公司需要根据减资决策，依法办理资本减少手续，完成资本减少。资本减少的方式可以是减少股本、回购股份、减少注册资本等，公司应当依法办理相关手续，确保资本减少的合法性和有效性。在资本减少完成后，公司应当依法办理工商变更登记，将减资事项向工商行政管理部门备案，确保减资的合法性和有效性。工商变更登记包括提交减资决议、减资协议、验资报告、公司章程修正案等文件，工商行政管理部门审核通过后，核发新的营业执照，完成减资程序。

公司增资和减资是公司资本结构调整的重要手段，通过增资和减资，公司可以优化资本结构，增强财务实力，适应市场变化和经营需求。公司增资包括增资决策、资本注入和工商变更登记等环节，公司需要依法办理相关手续，确保增资的合法性和有效性。公司减资包括减资决策、资本减少和工商变更登记等环节，公司需要依法办理相关手续，确保减资的合法性和有效性。通过对公司增资和减资的深入理解，可以更好地指导企业进行资本结构调整，实现预期的经济效益和法律合规。

七、公司解散和清算

公司解散和清算是公司终止运营的重要法律程序，涉及公司债权人、股东和其他利益相关者的合法权益。公司解散是公司主体资格的消灭，而公司清算则是公司解散后的财产清理和债务偿还过程。了解公司解散和清算的基本概念、法律程序及其对公司的影响，对于公司管理者和法律从业者来说，具有重要意义。现从公司解散和公司清算两个方面详细探讨相关内容。

（一）公司解散

公司解散是指公司依法终止其法人资格，停止一切经营活动的法律行为。公司解散的原因多种多样，包括法定解散、自愿解散和强制解散。了解公司解散的程序和法律要求，有助于公司在解散过程中依法维护各方权益。

一是法定解散。法定解散是指根据法律规定，公司在特定情况下必须解散。主要包括公司章程规定的营业期限届满、公司章程规定的解散事由出现、股东会决议解散、公司合并或分立需要解散、公司被依法宣告破产等情况。公司章程规定的营业期限届满时，公司应当依法解散。如果公司章程规定了特定的解散事由，当该事由出现时，公司也应当解散。股东会决议解散是指公司股东会根据公司经营状况和发展需要，作出解散公司的决议。公司合并或分立时，如果需要解散原公司，也应当依法解散。公司被依法宣告破产时，应当依法解散，并进行破产清算。

二是自愿解散和强制解散。自愿解散是指公司根据自身经营状况和发展需要，决定主动解散公司。自愿解散的程序主要包括股东会决议、公告通知、清算组成立、清算报告等环节。股东会决议是自愿解散的第一步，公司股东会应当依法作出解散公司的决议。公告通知是指公司应当将解散决议公告，并通知债权人，保障债权人的合法权益。清算组成立是指公司应当成立清算组，负责公司的财产清理和债务清偿。清算报告是指清算组应当编制清算报告，向股东会或人民法院报告清算情况。强制解散是指公司因违反法律法规或其他原因，被司法机关或行政机关强制解散。强制解散的原因主要包括公司违法经营、损害社会公共利益、违反公司章程或股东协议等。强制解散的程序主要包括司法机关或行政机关作出解散决定、公告通知、清算组成立、清算报告等环节。司法机关或行政机关应当依法作出解散公司的决定，并将决定公告，通知债权人。公司应当成立清算组，负责公司的财产清理和债务清偿。清算组应当编制清算报告，向司法机关或行政机关报告清算情况。

（二）公司清算

公司清算是指公司在解散后，对公司的财产进行清理、估价、变现和分配，清偿公司债务，处理公司事务的法律程序。公司清算的目的是为了确保公司债务的清偿和股东权益的实现。了解公司清算的程序和法律要求，有助于公司在清算过程中依法维护各方权益。

一是清算组的成立和职责。清算组是公司清算的执行机构，负责公司的财产清理和债务清偿。公司解散后，应当及时成立清算组，负责清算事务。清算组成员可以由公司股东、董事、监事或其他具有清算经验的专业人士担任。清算组的主要职责包括接管公司财产、清理公司债权债务、处理公司未了结的业务、分配公司剩余财产等。清算组应当依法履行职责，确保清算过程的公开、公正和透明。清算组成立后，应当立即接管公司的财产，查清公司的财产状况，编制财产清单和负债清单。清算组应当依法处理公司的债权债务，包括通知和公告债权人，核实债权债务，依法清偿公司债务。对于公司未了结的业务，清算组应当妥善处理，确保公司的合法权益不受损害。在清偿债务后，清算组应当依法分配公司的剩余财产，确保股东的合法权益。清算组应当编制清算报告，向股东会或人民法院报告清算情况，接受监督和审查。

二是清算程序和法律要求。公司清算的程序主要包括财产清理、债权人会议、财产变现、债务清偿、剩余财产分配、清算终结等环节。财产清理是清算的第一步，清算组应当对公司的财产进行全面清理，查清公司的资产和负债状况。债权人会议是清算的重要环节，清算组应当召集债权人会议，听取债权人的意见，制定清算方案。财产变现是指清算组应当依法变现公司的财产，确保清偿公司债务所需的资金。债务清偿是清算的核心环节，清算组应当依法清偿公司的债务，确保债权人的合法权益。在清偿债务后，清算组应当依法分配公司的剩余财产，确保股东的合法权益。清算终结是清算的最后环节，清算组应当编制清算报告，向股东会或人民法院报告清算情况，办理公司注销登记，终结清算程序。公司清算的法律要求主要包括公告通知、债权人保护、财产处置、公正透明等方面。公告通知是指公司应当将清算事项进行公告，并通知债权人，保障债权人的合法权益。债权人保护是清算的重要内容，公司应当依法清偿债务，确保债权人的合法权益。财产处置是清算的核心环节，公司应当依法变现公司的财产，确保清偿公司债务所需的资金。公正透明是清算的基本要求，公司应当依法履行清算程序，确保清算过程的公开、公正和透明，接受股东和社会公众的监督。

公司解散和清算是公司终止运营的重要法律程序，通过解散和清算，公司可以依法终止其法人资格，停止一切经营活动，妥善处理公司财产和债务，维护各方权益。公司解散包括法定解散、自愿解散和强制解散，涉及解散决策、公告通知、清算组成立、清算报告等环节。公司清算包括清算组的成立和职责、清算程序和法律要求，涉及财产清理、债权人会议、财产变现、债务清偿、剩余财产分配、清算终结等环节。通过对公司解散和清算的深入理解，可以更好地指导企业在解散和清算过程中依法维护各方权益，实现预期的经济效益和法律合规。

八、股东的权利和义务

股东是公司的所有者，对公司的经营和管理拥有一定的权利，同时也承担相应义务。股东的权利和义务是公司法的重要内容，关系公司的治理结构和经营绩效。了解股东的权利和义务，有助于公司实现良好的治理，维护股东和公司各方的合法权益。现从股东的权利和股东的义务两个方面详细探讨相关内容。

（一）股东的权利

股东的权利是指股东在公司中的法定权利和权益保障。这些权利包括财务权利、治理权利和保护权利等方面，确保股东在公司经营和管理中的合法权益。一是财务权利。股东的财务权利主要包括分红权、剩余财产分配权和股份转让权。分红权是指股东有权根据公司章程和股东大会决议，按持股比例分配公司利润。公司在实现盈利后，应当根据法律法规和公司章程的规定，向股东分配利润，确保股东的投资回报。剩余财产分配权是指在公司清算时，股东有权按照其持股比例，分配公司的剩余财产。公司清算结束后，应当依法清偿债务，剩余财产按照股东的持股比例进行分配，确保股东的合法权益。股份转让权是指股东有权依法转让其持有的股份，实现股份的流动性和增值。股份转让可以通过证券市场公开交易，也可以通过协议转让的方式进行，转让价格由市场供求关系决定。

二是治理权利。股东的治理权利主要包括表决权、提案权和知情权。表决权是指股东在股东大会上有权对公司重大事项进行表决，参与公司的决策和管理。股东大会是公司的最高权力机构，股东通过行使表决权，决定公司的重大事项，如公司章程的修改、董事和监事的选举、重大投资和融资决策等。提案权是指股东有权向股东大会提出议案，参与公司的治理和决策。股东可以根据公司的经营状况和发展需求，提出合理的议案，推动公司的发展和创新。知情权是指股东有权了解公司的经营状况和财务状况，获取公司的财务报表、审计报告和其他重要信息。公司应当依法向股东披露信息，确保信息的透明度和真实性，保障股东的知情权。

（二）股东的义务

股东的义务是指股东在公司中的法定义务和责任承担，这些义务包括出资义务、遵守公司章程和法律法规的义务以及对公司的忠实义务等方面，确保公司正常运营和股东责任的履行。

一是出资义务。股东的出资义务是股东最基本的义务，股东应当按照公司章程的规定，按时足额缴纳认缴的出资额。公司成立时，股东应当以货币、实物、知识产权等方式出资，确保公司的注册资本到位。股东未按时足额缴纳出资的，应当承担相应违约责任，补缴出资并赔偿因此给公司造成的损失。股东的出资额一旦确定，应当严格履行出资义务，不得抽逃出资。股东抽逃出资的，应当依法承担相应的法律责任，补足出资并赔偿因此给公司和其他股东造成的损失。

二是遵守公司章程和法律法规的义务。股东应当遵守公司章程和法律法规，履行对公司的忠实义务和勤勉义务。公司章程是公司内部治理的基本规则，股东应当依法遵守公司章程的规定，参与公司的经营管理。股东不得滥用股东权利，损害公司和其他股东的合法权益。股东应当依法行使表决权、提案权和知情权，不得违反公司章程和法律法规，妨碍公司正常运营。股东应当遵守法律法规，依法履行纳税义务和信息披露义务，维护市场秩序和社会公共利益。股东在行使权利和履行义务过程中，应当维护公司和其他股东的合法权益，促进公司健康发展。

股东的权利和义务是公司法的重要内容，关系公司的治理结构和经营绩效。股东的权利包括财务权利、治理权利和保护权利，确保股东在公司经营和管理中的合法权益。股东的义务包括出资义务、遵守公司章程和法律法规的义务以及对公司的忠实义务，确保公司正常运营和股东责任的履行。通过对股东权利和义务的深入理解，可以更好地指导企业实现良好的治理，维护股东和公司各方的合法权益，促进公司健康发展。

九、公司董事、监事、高级管理人员的资格和义务

公司董事、监事和高级管理人员在公司的治理结构中扮演着至关重要的角色，他们的资格和义务直接关系公司的管理水平和治理质量。明确公司董事、监事和高级管理人员的资格要求和履职义务，对于保障公司合法合规运营和维护股东及其他利益相关者的权益具有重要意义。现从公司董事、监事、高级管理人员的资格和义务两个方面进行详细探讨。

（一）公司董事、监事、高级管理人员的资格

公司董事、监事和高级管理人员的资格要求是公司治理的重要基础，明确他们的资格要求，有助于提升公司的管理水平和治理质量。一是法律规定的基本资格。根据《公司法》及相关法律法规，公司董事、监事和高级管理人员必须具备一定的资格，包括年龄、行为能力、职业道德等方面的要求。董事、监事和高级管理人员必须年满18周岁，具有完全民事行为能力，能够独立承担法律责任。他们必须具备良好的职业道德和信誉，无犯罪记录和不良信用记录。此外，他们应当具备一定的专业知识和管理能力，能够胜任公司的管理和监督工作。如《公司法》规定，担任董事、监事和高级管理人员的人员不得因贪污、贿赂、侵占财产、挪用财产或者破坏社会主义市场经济秩序，被判处刑罚，执行期满未逾五年；或者因犯罪被剥夺政治权利，执行期满未逾五年；或者担任破产清算的公司、企业的董事或者厂长、经理，对该公司、企业的破产负有个人责任的，自该公司、企业破产清算完结之日起未逾三年；或者担任因违法被吊销营业执照、责令关闭的公司、企业的法定代表人，并负有个人责任的，自该公司、企业被吊销营业执照之日起未逾三年。

二是公司章程规定的具体资格。除了法律规定的基本资格外，公司章程还可以根据公司的实际情况，对董事、监事和高级管理人员的资格提出具体要求。公司章程可以对董事、监事和高级管理人员的学历、专业背景、工作经验等方面提出具体要求，以确保他们具备履行职责所需的专业知识和管理能力。如公司可以在章程中规定，董事应当具有经济、法律、管理等相关专业的本科以上学历，并具有五年以上相关工作经验；监事应当具有财务、审计等相关专业背景，并具有三年以上相关工作经验；高级管理人员应当具有丰富的管理经验和良好的沟通协调能力。此外，公司还可以在章程中规定，董事、监事和高级管理人员任职期间不得在竞争性企业中担任职务，避免利益冲突，确保他们能够专心致志地为公司服务。

（二）公司董事、监事、高级管理人员的义务

公司董事、监事和高级管理人员在履行职责时，必须遵守法律法规和公司章程的规定，履行忠实义务和勤勉义务，维护公司的合法权益和股东的利益。

一是忠实义务。忠实义务是指董事、监事和高级管理人员在履行职责时，应当忠于公司，不得利用职务便利谋取私利，不得损害公司的利益。忠实义务包括

不竞争义务、不自我交易义务、不泄露公司秘密义务等具体内容。如董事、监事和高级管理人员不得利用职务便利，为自己或他人谋取不正当利益；不得与公司进行利益冲突的交易，如未经股东会或董事会同意，将公司业务转移到自己或他人控制的企业；不得泄露公司的商业秘密和其他保密信息，保护公司的知识产权和竞争优势。此外，董事、监事和高级管理人员在执行公司事务时，应当公平对待所有股东，防止出现控股股东或实际控制人侵害中小股东利益的行为。

二是勤勉义务。勤勉义务是指董事、监事和高级管理人员在履行职责时，应当勤勉尽责，认真履行职责，确保公司决策的科学性和合理性。勤勉义务包括积极参加公司会议、认真审议公司议案、合理决策和有效监督等具体内容。如董事应当积极参加董事会会议，认真审议各项议案，确保公司决策的科学性和合理性；监事应当积极参加监事会会议，认真审查公司的财务报告和经营状况，确保公司的合法合规运营；高级管理人员应当积极参与公司的日常管理和经营活动，确保公司的战略目标和经营计划得到有效执行。此外，董事、监事和高级管理人员在履行职责时，应当保持独立性和客观性，不受任何外界干扰和利益影响，确保公司的治理质量和管理水平。

公司董事、监事和高级管理人员的资格和义务是公司治理的重要内容，明确他们的资格要求和履职义务，有助于提升公司的管理水平和治理质量。公司董事、监事和高级管理人员的资格，包括法律规定的基本资格和公司章程规定的具体资格，确保他们具备履行职责所需的专业知识和管理能力。公司董事、监事和高级管理人员的义务包括忠实义务和勤勉义务，确保他们在履行职责时忠于公司、勤勉尽责，维护公司的合法权益和股东的利益。通过对公司董事、监事和高级管理人员资格和义务的深入理解，可以更好地指导公司完善治理结构，提升管理水平，促进公司的长期健康发展。

第二节　有限责任公司

一、有限责任公司的设立

有限责任公司是现代企业制度中最为常见的一种公司形式，其设立条件和程序对公司未来的发展和治理具有重要影响。了解有限责任公司的设立条件和程序，有助于企业依法规范设立公司，确保公司运营的合法性和有效性。现从设立条件和设立程序两个方面详细探讨有限责任公司的设立。

（一）设立条件

设立有限责任公司需要满足一定的法律条件，这些条件确保公司在设立之初就具备合法性和规范性，为公司未来的健康发展奠定基础。一是股东人数和出资要求。根据《中华人民共和国公司法》的规定，有限责任公司由五十个以下股东出资设立。股东可以是自然人，也可以是法人，但无论股东身份如何，都必须依法履行出资义务。出资方式可以是货币，也可以是实物、知识产权、土地使用权等可以用货币估价并可以依法转让的非货币财产，但必须经过评估，并依法进行财产转移登记。设立有限责任公司时，股东的出资额不得低于法定注册资本的最低限额。根据法律规定，注册资本的最低限额由公司章程规定，但不得低于法律规定的最低限额。对于特定行业，如银行、证券公司等，法律会规定更高的注册资本要求，以确保公司具有足够的财务实力应对经营风险。此外，股东应当在公司成立后的一定期限内完成出资，并由法定验资机构进行验资，确保出资的真实性和合法性。

二是公司章程和公司名称。公司章程是公司的基本法律文件，规定了公司的组织和活动规则。设立有限责任公司时，股东应当共同制定公司章程，并经全体股东签字确认。公司章程的内容应当包括公司名称和住所、公司经营范围、公司注册资本、股东的姓名或名称、股东的出资方式和出资额、公司的组织机构及其产生办法、职权、议事规则、公司法定代表人的产生办法和职权、股东会会议认为需要规定的其他事项。公司名称是公司的标识，必须符合国家法律法规的规定，不得含有违法、违规或引起误解的内容。公司名称的选择应当遵循地域、行业和组织形式相结合的原则，确保名称的合法性和独特性。公司名称经工商行政管理部门核准后，方可使用。同时公司住所是公司的主要办公地点，应当有合法的产权证明或租赁合同，确保住所的合法性和稳定性。

（二）设立程序

设立有限责任公司的程序是公司设立的具体操作步骤，依法依规履行设立程序，有助于确保公司设立的合法性和有效性。

一是公司设立申请和工商登记。公司设立申请是设立有限责任公司的第一步，股东应当向工商行政管理部门提交设立申请，并附上相关文件。设立申请的内容包括公司名称预先核准通知书、公司章程、股东的出资证明、公司住所使用证明、法定代表人身份证明、董事、监事和经理的任职文件及身份证明、公司登记申请书等。

工商行政管理部门收到公司设立申请后，应当依法进行审查，审查的内容包括申请材料的真实性、合法性和完整性。审查通过后，工商行政管理部门应当依法办理公司登记，核发《企业法人营业执照》。公司自营业执照签发之日起，正式取得法人资格，成为独立的法律主体，能够以自己的名义进行民事活动，独立承担民事责任。

二是公司设立后的备案和公告。公司设立后，应当依法进行备案和公告，确保公司设立的公开性和透明性。备案的内容包括公司章程、股东会决议、董事会决议、监事会决议、法定代表人任命文件等。备案的目的是确保公司设立的合法性和规范性，便于工商行政管理部门进行监督和管理。公司设立后，还应当依法进行公告，公告的内容包括公司名称、住所、法定代表人、注册资本、经营范围等。公告的目的是向社会公众披露公司的基本信息，便于社会公众了解公司的情况，维护交易的安全和稳定。此外，公司还应当依法办理税务登记、银行开户、社保登记等手续，确保公司的合法合规运营。

三是设立有限责任公司需要满足一定的法律条件，包括股东人数和出资要求、公司章程和公司名称等。设立程序包括公司设立申请和工商登记、公司设立后的备案和公告等环节。通过依法依规履行设立程序，有限责任公司能够在法律框架内合法合规地运营，确保公司的健康发展和各方权益的保护。了解有限责任公司的设立条件和程序，有助于企业管理者和法律从业者依法规范设立公司，提升公司的管理水平和治理质量。

二、有限责任公司的组织机构

有限责任公司的组织机构是公司治理的核心，合理的组织结构能够提高公司的管理效率，确保公司运营的合法性和规范性。有限责任公司的组织机构主要包括股东会、董事会、经理和监事会，各机构在公司治理中承担不同的职能和责任。现从股东会、董事会与经理、监事会三个方面详细探讨有限责任公司的组织机构。

（一）股东会

股东会是有限责任公司的最高权力机构，由全体股东组成，主要负责公司的重大决策和战略规划。股东会的决策对公司的发展方向和重大事项具有决定性影响。

一是股东会的职权。根据《中华人民共和国公司法》的规定，股东会享有以下主要职权：修改公司章程、决定公司的经营方针和投资计划、选举和更换董事、监事，决定有关董事、监事的报酬事项、审议批准董事会或执行董事的报告、审议批准监事会或监事的报告、审议批准公司的年度财务预算方案、决算方案、审议批准公司的利润分配方案和弥补亏损方案、对公司增加或减少注册资本作出决议、对发行公司债券作出决议、对公司合并、分立、解散、清算或者变更公司形式作出决议。股东会的上述职权保障了股东对公司重大事项的决策权和监督权，有助于维护股东的合法权益，确保公司决策的民主性和科学性。如股东会在修改公司章程时，应当充分听取全体股东的意见，确保章程的内容符合公司的实际情况和发展需要；在决定公司的经营方针和投资计划时，应当充分考虑市场环境和公司的实际能力，确保决策的科学性和可行性。

二是股东会的召开程序。股东会的召开程序包括会议召集、通知、议题确定、会议召开和决议形成等环节。股东会应当由董事会或执行董事召集，董事会或执行董事未能履行召集职责的，监事会或监事可以召集。股东会会议应当提前通知全体股东，通知内容包括会议时间、地点、议题等，通知时间应当合理，通常不少于15日。股东可以通过书面形式或电子邮件等方式接收会议通知。会议议题应当提前确定，并在会议通知中载明。股东会会议应当按照确定的议题进行讨论和决策，不得临时增加重大议题，以保障全体股东的知情权和参与权。会议召开时，全体股东或其授权代表应当出席会议，并根据公司章程的规定进行表决。股东会决议应当依法形成，并由全体股东签字确认。

三是股东会的决议效力。股东会的决议对全体股东和公司具有约束力，应当依法执行。股东会决议的形成应当符合法律法规和公司章程的规定，决议的内容应当合法、有效。股东会决议的效力主要体现在以下几个方面：股东会决议是公司重大事项的最终决定，应当依法执行。如股东会决议决定公司合并或分立，公司应当按照决议内容依法办理相关手续。股东会决议对全体股东具有约束力，全体股东应当尊重和执行股东会的决议，不得擅自改变决议内容。最后，股东会决议的形成和执行应当符合法律法规和公司章程的规定，否则决议无效。如股东会决议未经法定程序形成或决议内容违法，公司和股东可以请求法院认定决议无效。

（二）董事会、经理

董事会和经理是有限责任公司的执行机构和管理机构，负责公司的日常经营管理和决策执行，董事会是公司的决策机构，经理是公司的执行机构，两者共同确保公司的运营和管理。

一是董事会的职权和构成。董事会是有限责任公司的常设决策机构，主要负责公司的经营决策和管理监督。董事会的职权包括决定公司的经营计划和投资方案、制定公司的年度财务预算方案和决算方案、制定公司的利润分配方案和弥补亏损方案、制定公司增加或减少注册资本的方案、制定公司合并、分立、解散或者变更公司形式的方案、决定公司内部管理机构的设置、聘任或者解聘公司经理及其报酬事项、制定公司的基本管理制度等。董事会的构成应当符合公司章程的规定，通常由5至19名董事组成。董事会成员由股东会选举产生，董事会应当设董事长一名，可以设副董事长若干名。董事长和副董事长的选举应当符合公司章程的规定，通常由董事会选举产生。

二是经理的职权和任免。经理是有限责任公司的执行机构，主要负责公司的日常经营管理和决策执行。经理的职权包括主持公司的生产经营管理工作，组织实施董事会决议；组织实施公司年度经营计划和投资方案；拟订公司内部管理机构设置方案；拟订公司的基本管理制度；制定公司的具体规章；提请聘任或者解聘公司副经理、财务负责人；决定聘任或者解聘除应由董事会决定聘任或者解聘以外的负责管理人员；董事会授予的其他职权。经理的任免由董事会决定，经理可以由董事会聘任，也可以由股东会聘任。经理应当依法履行职责，接受董事会的监督和指导。经理在履行职责过程中，应当遵守法律法规和公司章程的规定，确保公司的合法合规运营。

三是董事会与经理的关系。董事会和经理在公司治理中承担不同的职能和责任，董事会主要负责公司的决策和监督，经理主要负责公司的执行和管理。董事会和经理应当相互配合，共同确保公司的运营和管理。董事会应当对经理的工作进行指导和监督，确保经理依法履行职责，维护公司的合法权益。经理应当执行董事会的决议，确保公司的经营管理符合公司的战略目标和发展规划。董事会和经理的关系应当建立在相互尊重和相互信任的基础上，董事会应当尊重经理的专业意见和管理经验，经理应当尊重董事会的决策权和监督权。董事会和经理应当保持良好的沟通和协调，共同解决公司运营中的问题，确保公司的健康发展。

（三）监事会

监事会是有限责任公司的监督机构，负责对公司董事会、经理及其他高级管理人员的工作进行监督，确保公司决策和管理的合法性和规范性。

一是监事会的职权和构成。根据《公司法》的规定，监事会享有以下主要职权：检查公司财务；对董事、经理及其他高级管理人员执行公司职务的行为进行监督，对违反法律、行政法规、公司章程或者股东会决议的董事、经理及其他高级管理人员提出罢免的建议；当董事、经理及其他高级管理人员的行为损害公司利益时，要求其予以纠正；提议召开临时股东会会议，在董事会不履行召集和主持股东会会议职责时召集和主持股东会会议；向股东会会议提出提案；依照《公司法》的规定，对董事、经理及其他高级管理人员提起诉讼；公司章程规定的其他职权。监事会的构成应当符合公司章程的规定，通常由3至9名监事组成。监事会成员由股东会选举产生，其中职工代表监事的比例不得低于三分之一。监事会应当设监事长一名，由全体监事过半数选举产生。监事会的工作应当独立于董事会和经理，确保监督的客观性和公正性。

二是监事的资格和义务。监事应当具备良好的职业道德和专业知识，能够胜任公司的监督工作。监事不得兼任公司董事、经理及其他高级管理人员，以保证监督工作的独立性和客观性。监事在履行职责时，应当遵守法律法规和公司章程的规定，确保公司的合法合规运营。监事的主要义务包括依法监督公司的财务状况，确保公司的财务报告真实、准确、完整；依法监督董事会、经理及其他高级管理人员的工作，确保公司决策和管理的合法性和规范性；依法保护公司的合法权益，防止董事会、经理及其他高级管理人员的违法行为损害公司的利益；依法提出监督意见和建议，帮助公司提高管理水平和治理质量。

三是监事会的工作程序和决议效力。监事会的工作程序包括会议召集、议题确定、会议召开和决议形成等环节。监事会会议应当由监事长召集，监事长不能履行职务时，可以由监事长指定的监事或半数以上监事共同推举的监事召集。监事会会议应当提前通知全体监事，通知内容包括会议时间、地点、议题等，通知时间应当合理，通常不少于7日。监事会会议应当按照确定的议题进行讨论和决策，不得临时增加重大议题，以保障全体监事的知情权和参与权。会议召开时，全体监事应当出席会议，并根据公司章程的规定进行表决。监事会决议应当依法形成，并由全体监事签字确认。监事会的决议对董事会、经理及其他高级管理人员具有约束力，应当依法执行。

有限责任公司的组织机构包括股东会、董事会、经理和监事会，各机构在公司治理中承担不同的职能和责任。股东会是公司的最高权力机构，负责公司的重大决策和战略规划；董事会是公司的常设决策机构，负责公司的经营决策和管理监督；经理是公司的执行机构，负责公司的日常经营管理和决策执行；监事会是公司的监督机构，负责对公司董事会、经理及其他高级管理人员的工作进行监督。通过对有限责任公司组织机构的深入理解，可以更好地指导公司完善治理结构，提升管理水平，促进公司的长期健康发展。

三、一人有限责任公司

一人有限责任公司是指只有一个自然人股东或一个法人股东的有限责任公司。这种公司形式在创业初期和小微企业中较为常见。虽然一人有限责任公司在设立和运营上具有一定的灵活性，但也存在特定的法律限制和要求，以保障公司财务的独立性和合法性。

（一）设立限制

一人有限责任公司的设立需要符合一定的法律条件，以防止其被滥用和保护债权人的利益，一是设立主体的限制。根据《公司法》的规定，一人有限责任公司的股东可以是一个自然人或一个法人，但一个自然人只能设立一个一人有限责任公司。此外，一人有限责任公司的股东不得再设立新的一人有限责任公司，这样的规定旨在防止股东利用多个一人公司进行不当操作，增加法律和财务的复杂性。二是注册资本的要求。尽管公司法没有对一人有限责任公司的最低注册资本作出特别规定，但在实际操作中，许多行业对注册资本有具体要求。一人有限责任公司的股东应当根据自身的业务性质和法律规定，确定合理的注册资本，以确保公司的正常运营和法律合规。三是经营范围的限制。设立一人有限责任公司时，股东应当根据公司的业务性质和法律法规，确定公司的经营范围。公司的经营范围应当在公司章程中明确规定，并在工商登记时进行备案。一人有限责任公司不得从事法律法规禁止的行业和业务，以确保公司的合法运营。

（二）公司章程

公司章程是公司设立和运营的基础法律文件，对于一人有限责任公司来说，制定完善的公司章程尤为重要。一是章程内容的规定。公司章程应当包括公司名称和住所、经营范围、注册资本、股东的权利和义务、公司机构及其产生办法、议事规则、法定代表人的产生办法和职权、股东会的决策程序等内容。这些内容应当符合法律法规的要求，并结合公司的实际情况进行详细规定。二是章程的合法性和可操作性。公司章程的内容应当符合法律法规的规定，确保其合法性。同时章程的条款应当具有可操作性，能够指导公司的实际运营和管理。如章程应当明确规定股东会、董事会和监事会的职责和权力，确保公司治理结构的规范性和科学性。三是章程的修订程序。公司章程在公司运营过程中需要进行修订，以适应公司发展的需要。公司章程的修订应当按照章程中规定的程序进行，通常需要股东会的决议通过。修订后的公司章程应当依法进行备案和公告，确保其合法性和有效性。

（三）股东决策权的限制

一人有限责任公司由于只有一个股东，其决策程序和权力集中度与普通有限责任公司有所不同：一是决策程序的简化。由于一人有限责任公司只有一个股东，股东会的决策程序较为简化。股东可以直接作出决策，并以书面形式记录决策内容，确保决策的合法性和有效性。这种简化的决策程序有助于提高公司的决策效率，适应小微企业的经营特点。二是重大事项的决策限制。虽然一人有限责任公司的股东具有较大的决策权，但对于涉及公司重大事项的决策，应当依法进行。如公司合并、分立、解散等重大事项的决策，应当符合法律法规的规定，并依法办理相关手续，确保决策的合法性和合规性。三是决策的透明度和责任追究。为了防止一人有限责任公司的股东滥用决策权，损害公司和债权人的利益，法律对股东的决策行为设有一定的透明度和责任追究机制。如股东应当依法履行信息披露义务，确保决策的透明性；在公司财务发生问题时，股东需要承担相应的法律责任，确保公司运营的合法性和规范性。

（四）公司财务制度

一人有限责任公司应当建立健全的财务制度，以确保公司的财务管理和运营的合法、透明性，一是财务独立性，公司财务制度的核心是确保公司财务的独立性，即公司的财务应当与股东个人的财务分开管理。股东不得将公司的财产作为个人财产使用，确保公司的财务独立性和合法性。同时公司应当建立独立的财务核算体系，确保财务数据的真实、准确和完整。二是财务管理的规范性，一人有限责任公司应当建立健全的财务管理制度，确保财务管理的规范性。如公司应当设置专门的财务部门，配备专业的财务人员，负责公司的财务管理和会计核算；公司应当建立严格的财务审核和监督机制，确保财务管理的合法性和透明性。三是财务报告和审计，公司应当依法编制财务报告，定期向股东和相关部门报送财务报告，确保财务信息的透明性和公开性。同时公司应当依法接受审计，确保财务管理的合法性和规范性。如公司可以聘请专业的会计师事务所进行年度审计，确保财务报告的真实、准确和完整。

（五）信息披露

一人有限责任公司在运营过程中，应当依法履行信息披露义务，确保信息的透明性和公开性。一是信息披露的范围，公司应当依法披露公司的基本信息和财务信息，包括公司名称、住所、法定代表人、经营范围、注册资本、财务状况等。这些信息应当在公司设立、变更和年度报告时依法进行披露，确保信息的透明性和公开性。二是信息披露的方式，公司信息披露的方式主要包括公司公告、报送监管部门、定期报告等。如公司在变更注册资本、经营范围、法定代表人等事项时，应当依法进行公告；公司在年度报告时，应当向工商行政管理部门报送年度财务报告和经营情况报告，确保信息披露的及时性和完整性。三是信息披露的责任。公司应当依法履行信息披露义务，确保信息的真实、准确和完整。如果公司未依法履行信息披露义务，会面临法律责任和行政处罚。如公司未按规定报送年度报告的，工商行政管理部门可以对公司进行罚款、责令改正，甚至吊销营业执照；公司披露虚假信息的，相关责任人会面临法律追责和刑事责任。

一人有限责任公司在设立和运营过程中，需要遵循特定的法律限制和要求，以确保公司的合法性和规范性。设立限制、公司章程、股东决策权的限制、公司财务制度和信息披露等方面的规定，旨在保障公司财务的独立性和合法性，维护公司和债权人的合法权益。通过了解和遵循这些规定，一人有限责任公司可以更好地规范运营，提升管理水平，促进企业的健康发展。

四、国有独资公司

国有独资公司是指全部资本由国家投资设立的有限责任公司。这种公司形式在中国的国有经济中占据重要地位，其设立和运营须遵循严格的法律法规，以确保国有资产的保值增值和合法合规运营。现从公司章程、公司决策权的行使、董事会和经理、竞业禁止、监事会五个方面详细探讨国有独资公司的相关内容。

（一）公司章程

公司章程是国有独资公司的基本法律文件，规定了公司的组织和活动规则。一是章程内容的规定，国有独资公司章程应当包括公司名称和住所、经营范围、注册资本、出资人和出资方式、公司的组织机构及其产生办法、职权、议事规则、法定代表人的产生办法和职权等内容。二是章程的制定和修改，国有独资公司章程的制定和修改，应当由国有资产监督管理机构或其授权的机构负责，并按照法定程序进行，确保章程的合法性和有效性。三是章程的执行，公司章程是公司治理的重要依据，公司应当严格按照章程的规定进行运营和管理，确保公司的合法合规运营。

（二）公司决策权的行使

国有独资公司的决策权主要集中在国有资产监督管理机构或其授权的机构，这些机构代表国家行使出资人权利。一是决策程序，国有独资公司重大事项的决策应当经过充分论证和评估，确保决策的科学性和合理性。决策程序应当包括提案、论证、审批和执行等环节。二是决策权限，国有资产监督管理机构或其授权的机构对公司的重大事项享有决策权，包括公司的发展战略、重大投资、资产处置、利润分配等。三是决策监督，国有独资公司的决策过程应当接受监督，确保决策的合法性和透明性，防止决策失误和腐败行为的发生。

（三）董事会和经理

董事会和经理是国有独资公司的执行和管理机构，负责公司的日常经营管理和决策执行。一是董事会的构成，董事会成员由国有资产监督管理机构或其授权的机构任命，通常包括董事长、副董事长和若干董事，董事会是公司的决策机构。二是经理的任免，经理由董事会任命，负责公司的日常经营管理，经理应当依法履行职责，接受董事会的监督。三是董事会和经理的关系，董事会负责公司的重大决策和管理监督，经理负责决策的执行和日常管理，两者应当相互配合，确保公司的高效运营。

（四）竞业禁止

竞业禁止是指国有独资公司的董事、经理及其他高级管理人员不得从事与公司有竞争关系的业务或在竞争性企业中任职。一是法律规定。根据《公司法》的规定，国有独资公司的高级管理人员在任职期间不得从事与公司有竞争关系的业务，确保其全心全意为公司服务。二是公司章程规定。公司章程可以进一步明确竞业禁止的具体范围和责任，确保管理人员遵守竞业禁止规定。三是责任追究。违反竞业禁止规定的管理人员应当承担相应法律责任，包括赔偿公司损失和解除劳动合同等。

（五）监事会

监事会是国有独资公司的监督机构，负责对董事会、经理及其他高级管理人员的工作进行监督。一是监事会的构成，监事会成员由国有资产监督管理机构或其授权的机构任命，监事会应当包括职工代表，确保监督的广泛性和代表性。二是监事会的职权，监事会享有检查公司财务、对董事会和经理的行为进行监督、提出罢免建议、提议召开临时股东会议等职权。三是监督程序，监事会应当依法履行职责，定期召开会议，对公司的财务状况和管理行为进行监督，确保公司的合法合规运营。

国有独资公司在设立和运营过程中，应当严格遵守法律法规和公司章程的规定，确保公司的合法合规运营。公司章程、公司决策权的行使、董事会和经理、竞业禁止、监事会等方面的规定，旨在保障国有资产的保值增值和合法合规运营，维护国家和社会公众的合法权益。通过了解和遵循这些规定，国有独资公司可以更好地规范运营，提升管理水平，促进企业的健康发展。

五、有限责任公司的股权转让

股权转让是有限责任公司股东实现其投资收益和退出机制的重要方式。股权转让不仅涉及公司内部股东之间的利益关系，还关系公司的稳定和发展。因此，有限责任公司股权转让的程序和规定具有重要意义。现从股权转让的概念、法律规定及其实际操作三个方面，探讨有限责任公司股权转让的相关内容。

股权转让是指有限责任公司的股东将其持有的股权转让给他人，从而将股东资格和股东权利义务一并转移给受让人的行为。根据《中华人民共和国公司法》第七十二条的规定，有限责任公司的股东之间可以相互转让其全部或者部分股权。股东向股东以外的人转让股权，应当经其他股东过半数同意。在同等条件下，其他股东有优先购买权。至于股权转让的基本程序，通常包括以下几个步骤：转让股东与受让方达成股权转让协议，明确转让股权的数量、价格和其他条件；转让股东应当书面通知其他股东，征得其过半数同意；如果其他股东同意转让，或者在接到通知之日起满三十日未答复的，视为同意转让；最后转让双方应当办理股权变更登记手续，将股权转让协议报公司备案，并在公司章程中作相应记载。

有限责任公司的股权转让是股东实现其投资收益和退出机制的重要方式。在实际操作中，股权转让应当遵循法律规定的程序，确保各方利益的平衡和公司的稳定发展。通过规范股权转让行为，可以促进有限责任公司的健康发展，保障股东的合法权益。

第三节　股份有限公司

一、股份有限公司的设立

股份有限公司是一种重要的公司形式，其设立需要符合一定的法律条件，并遵循特定的程序和方式。设立股份有限公司不仅需要满足法律规定的基本条件，还需要进行具体的设立程序和召开创立大会，以确保公司的合法性和规范性。现详细探讨股份有限公司的设立条件、设立方式、设立程序以及创立大会的相关内容。

（一）股份有限公司的设立条件

股份有限公司的设立条件是指公司在设立时必须符合的法律要求和基本条件。这些条件是确保公司合法成立和运营的前提。股份有限公司的设立条件包括最低注册资本、发起人数量、公司章程、经营范围等法律要求。最低注册资本是股份有限公司设立的重要条件之一。根据《中华人民共和国公司法》规定，股份有限公司的最低注册资本为500万元人民币。发起人数量是股份有限公司设立的另一重要条件。根据法律规定，股份有限公司的发起人应当不少于2人且不超过200人。发起人可以是自然人或者法人。此外，股份有限公司的设立还需要制定公司章程，明确公司的组织结构、经营范围、股东权利义务等内容。公司章程是股份有限公司的基本法律文件，为公司的运营提供法律依据。最后，股份有限公司的经营范围应当符合国家法律法规的规定，不得从事法律禁止的业务活动。

（二）股份有限公司的设立方式

股份有限公司的设立方式是指公司在设立时选择的具体方式，主要包括发起设立和募集设立两种方式。发起设立和募集设立是股份有限公司的两种主要设立方式。发起设立是指公司由发起人认购公司全部股份，不公开向社会募集股份的设立方式。这种方式适用于发起人具有充足资本，能够独立承担公司设立和运营的全部资金需求的情况。发起设立的程序相对简单，发起人只需认购全部股份并缴纳出资即可完成公司设立。募集设立是指公司通过公开发行股票向社会公众募集股份的设立方式。这种方式适用于公司需要大量资金，而发起人无法独立承担全部资金需求的情况。募集设立需要通过证券监管部门的审批，并依法履行信息披露义务，确保公众投资者的合法权益。通过公开发行股票，公司可以筹集到足够的资金，用于公司设立和运营。

（三）设立程序

设立程序是股份有限公司在设立过程中必须履行的法律程序，包括公司名称预先核准、发起人签署发起人协议、制定公司章程、办理公司登记注册等步骤。股份有限公司的设立程序包括公司名称预先核准、发起人签署发起人协议、制定公司章程和办理公司登记注册等步骤。公司名称预先核准是设立股份有限公司的第一步。发起人应当向公司登记机关申请公司名称预先核准，确保公司名称的唯一性和合法性。发起人签署发起人协议是设立股份有限公司的重要步骤。发起人应当签署发起人协议，明确发起人的权利义务、公司设立的具体事项等内容。发起人协议是公司设立的重要法律文件，为公司的设立提供法律依据。此外，制定公司章程是设立股份有限公司的关键步骤。发起人应当制定公司章程，明确公司的组织结构、经营范围、股东权利义务等内容。公司章程是公司的基本法律文件，为公司的运营提供法律保障。最后，办理公司登记注册是设立股份有限公司的最后一步。发起人应当向公司登记机关提交公司章程、发起人协议、股东出资证明等文件，申请公司登记注册。公司登记机关依法核准后，颁发公司营业执照，公司正式成立。

（四）创立大会

创立大会是股份有限公司设立过程中必须召开的一次重要会议，用于审议和通过公司设立的各项具体事项，选举公司董事、监事，确定公司章程等。创立大会的主要内容包括审议和通过公司设立的各项具体事项，选举公司董事、监事，确定公司章程等。创立大会应当审议和通过公司设立的各项具体事项，包括公司名称、注册资本、经营范围、公司章程等。创立大会的审议和通过是公司设立的重要法律程序，确保公司的设立符合法律规定。创立大会应当选举公司董事和监事。公司董事和监事是公司的重要管理人员，负责公司的经营管理和监督工作。通过创立大会的选举，公司可以确定董事和监事的人选，组建公司的管理团队。此外，创立大会还应当确定公司章程。公司章程是公司的基本法律文件，规定了公司的组织结构、经营范围、股东权利义务等内容。通过创立大会的确定，公司章程正式生效，为公司的运营提供法律依据。

股份有限公司的设立包括设立条件、设立方式、设立程序和创立大会四个方面。通过满足设立条件、选择适合的设立方式、履行必要的设立程序和召开创立大会，股份有限公司可以合法设立并开展经营活动。了解和遵守这些法律规定，对于确保公司合法成立和规范运营具有重要意义。

二、股份有限公司的组织机构

股份有限公司作为一种重要的企业组织形式，其内部治理结构至关重要。股份有限公司的组织机构包括股东大会、董事会、经理和监事会，这些机构各自承担不同的职能，共同保障公司的健康运营。现从股东大会、董事会及经理和监事会三个方面，详细探讨股份有限公司的组织机构及其职能。

（一）股东大会

股东大会是股份有限公司的最高权力机构，负责决定公司的重大事项。一是股东大会的组成和召开。股东大会由全体股东组成，定期召开年会或特别会议，审议和决定公司的重大事项。根据公司法规定，股东大会至少每年召开一次年度会议，必要时可召开临时会议。股东大会的召开需要提前通知股东，并在法定期限内发布会议通知，确保所有股东知情并有机会参与决策。二是股东大会的职权。股东大会拥有广泛的决策权，包括但不限于审议和批准公司的经营计划和投资方案、选举和更换董事与监事、审议和批准公司的财务报告和利润分配方案，以及决定公司的合并、分立、解散等重大事项。股东大会通过决议形式行使其职权，决议需经股东大会的法定人数和投票比例通过。三是股东大会的决策机制。股东大会的决策机制以股东表决权为基础，表决权通常按持股比例确定。在股东大会上，股东可以亲自出席会议，也可以书面委托他人代理出席和表决。股东大会的决议分为普通决议和特别决议，普通决议需经出席会议的股东所持表决权的半数以上通过，特别决议须经出席会议的股东所持表决权的三分之二以上通过。通过合理的决策机制，股东大会能够有效行使其职权，保障公司的健康发展。

（二）董事会、经理

董事会是股份有限公司的决策和管理机构，经理负责公司的日常经营管理。一是董事会的组成和职责。董事会由公司股东选举产生的董事组成，负责公司的战略决策和整体管理。董事会的主要职责包括制定公司的经营方针和发展战略、审议和批准重大投资和融资决策、选聘和解聘公司的高级管理人员、审议和批准公司的财务预算和决算报告等。董事会通过会议形式行使其职权，决议须经法定人数和投票比例通过。二是董事会的决策机制。董事会的决策机制以集体决策为原则，董事会会议由董事长召集和主持。董事会会议应有过半数的董事出席方可举行，董事会的决议需经出席会议的董事过半数通过。对于涉及公司重大事项的决议，董事会通常要求更高的表决比例。此外，董事会还设立了若干专业委员会，如审计委员会、薪酬委员会等，协助董事会进行专业决策和监督。三是经理的任命和职责。经理由董事会聘任，负责公司的日常经营管理。经理的主要职责包括执行董事会的决策和指示、组织实施公司的经营计划和投资方案、主持公司的日常经营管理事务、代表公司处理外部事务等。经理在行使职权时，须接受董事会的监督和指导，确保公司的经营管理符合董事会的决策和股东的利益。

（三）监事会

监事会是股份有限公司的监督机构，负责监督公司的董事、经理及其他高级管理人员的行为，确保公司依法合规运营。一是监事会的组成和职责。监事会由公司股东选举产生的监事组成，监事会成员不得兼任公司的董事、经理及其他高级管理人员。监事会的主要职责包括监督公司的财务状况、监督董事会和经理的履职行为、审查公司的财务报告和经营报告、检查公司的内部控制和风险管理制度等。监事会通过会议形式行使其职权，决议须经法定人数和投票比例通过。二是监事会的监督机制。监事会的监督机制以独立性和专业性为基础，监事会成员应具有独立性和专业背景，能够对公司的财务状况和经营行为进行有效监督。监事会应定期召开会议，听取公司的财务报告和经营报告，审查公司的财务状况和内部控制制度，发现问题及时提出整改建议。监事会还应对公司的重大决策和重要事项进行监督，确保公司依法合规运营，维护股东和公司的合法权益。三是监事会的权利和责任。监事会在履行监督职责时，享有广泛的权利，包括查阅公司的财务报告和会计账簿，要求董事、经理及其他高级管理人员提供相关资料和信息，对公司的财务状况和经营行为进行独立审计等。同时监事会也承担相应的法律责任，监事会成员应履行忠实和勤勉的义务，对公司和股东负责，发现公司存在违法行为或重大风险时，应及时报告并提出整改建议，确保公司依法合规运营。

股份有限公司的组织机构包括股东大会、董事会及经理和监事会，这些机构各自承担不同的职能，共同保障公司的健康运营。股东大会作为公司的最高权力机构，通过其决策机制，决定公司的重大事项；董事会作为公司的决策和管理机构，负责制定公司的战略决策和整体管理；经理负责公司的日常经营管理；监事会作为公司的监督机构，负责监督公司的董事、经理及其他高级管理人员的行为，确保公司依法合规运营。通过这些组织机构的相互配合和有效运作，股份有限公司能够实现良好的治理结构，保障公司的持续健康发展。

三、上市公司

上市公司具有独特的特征和显著的优势，使其在市场经济中发挥着重要作用。一是上市公司具有公开性和透明性，上市公司需要定期披露财务报表、经营状况和重大事项，确保信息公开透明。通过定期的信息披露，投资者和公众能够及时了解公司的经营情况和财务状况，增强市场的透明度和信任度。同时证券监管机构对上市公司的信息披露进行严格监督，确保信息的真实、准确和完整，防止信息披露中的欺诈和误导行为。这种公开性和透明性不仅有助于保护投资者的利益，也促进了资本市场的健康发展。二是上市公司具有融资便利和规模优势，上市公司通过在证券交易所公开发行股票，可以迅速筹集大量资金，支持企业的扩展和发展。相比于非上市公司，上市公司在融资方面享有更多渠道和选择，不仅可以通过股票市场进行股权融资，还可以通过发行公司债券等方式进行债务融资。此外，上市公司的股权具有较高的流动性，投资者可以方便地买卖股票，提高了资本的流动性和使用效率。通过利用资本市场的优势，上市公司能够更快地实现规模扩展和市场竞争力的提升。三是上市公司受到严格的监管和治理，上市公司需要遵守证券交易所的上市规则和相关法律法规，接受证券监管机构的监督和检查。公司治理结构的完善是上市公司的重要特征之一，上市公司通常设有独立董事、审计委员会等治理机构，加强内部控制和风险管理。此外，上市公司还需要接受外部审计，确保财务报告的真实性和公允性。这种严格的监管和治理机制，有助于提高公司的透明度和合规性，增强投资者的信心，促进公司的可持续发展。

四、股份有限公司的股份发行和转让

股份有限公司作为现代企业制度的重要形式，其资本构成和融资方式具有独特性。股份的发行与转让不仅关系公司的资本结构，还涉及股东的利益保护和市场监管。因此，研究股份发行和转让的法律制度，对于理解股份有限公司的运作机制和法律保障具有重要意义。

（一）股份发行

股份的发行是股份有限公司筹集资本的主要方式之一。通过公开或非公开的方式，公司可以将股票发行给公众或特定的投资者。我国法律规定，股份有限公司的股份发行应当符合公司法和证券法的规定，特别是在信息披露和投资者保护方面有严格的要求。股份发行的程序需要得到股东大会的批准，并经过相关监管机构的审核。根据公司法的规定，股份有限公司在首次公开发行（IPO）时，需要提交详细的招股说明书，披露公司的财务状况、经营情况、风险因素等信息。这些信息披露的要求旨在保证投资者在做出投资决策时拥有充分的信息，从而保护投资者的合法权益。股份的发行价格也是一个关键因素。公司在确定发行价格时，通常会考虑市场环境、公司估值、投资者需求等多方面因素。为了防止发行价过低损害现有股东的利益，公司法规定，股份的发行价格不得低于票面金额。此规定有助于维护市场的公平性和稳定性。最后，股份的发行还涉及股权稀释和股东权益的保护。新的股份发行会稀释现有股东的股权比例，因此，法律规定了优先认购权制度，即现有股东在公司发行新股时有优先认购的权利。这一制度的设置，旨在保护现有股东的权益，防止其股权比例被过度稀释。

（二）股份转让

股份的转让是股份有限公司股东变更的主要形式之一。在市场经济环境下，股份的自由流通性是资本市场活跃的重要保证。我国法律对股份转让的相关规定，既保障了市场的自由交易，又防止了恶意收购和股东权益的侵害。一是股份转让的自由性和合法性。根据公司法的规定，股份有限公司的股份可以在证券交易所或其他合法的证券交易场所进行转让。公司法还规定，股份的转让不得违反法律法规的强制性规定，也不得损害公司的合法权益。如对于持有一定比例股份的大股东，其股份的转让需要提前通知公司或其他股东，甚至受到一定的限制。二是股份转让的手续和流程，股份的转让通常需要办理一系列的手续，包括签订转让协议、缴纳相关税费、更新股东名册等。特别是在涉及控股权变更的情况下，股份转让会引发一系列的连锁反应，如触发公司章程中的优先购买权条款、引起公司控制权的争夺等。因此，股份转让不仅是一个法律行为，还涉及公司治理、投资者保护等多方面的因素。三是股份转让中的信息披露义务。股份转让中的信息披露是保护投资者和市场透明度的重要手段。根据证券法的规定，上市公司在重大股份转让事件发生时，应当及时披露相关信息，包括转让的背景、价格、受让方的基本情况等。这种信息披露机制有助于防止内幕交易、保护投资者的知情权，维护市场的公平性。

股份有限公司的股份发行和转让是公司资本运作和股东权益变动的重要环节。通过规范股份发行和转让的程序、确保信息披露的充分性，法律制度在保障投资者权益、维护市场秩序方面发挥着重要作用。随着市场经济的不断发展和法律体系的完善，股份有限公司的股份发行和转让将继续受到广泛关注和严格监管，为企业的健康发展和投资者的权益保护提供坚实的法律保障。

第五章　金融法律制度

第一节　金融法概述

一、金融的概念和表现形式

金融作为现代经济的核心要素，涵盖了资金的筹集、分配和使用等多个方面。理解金融的概念和表现形式对于研究金融法和相关法律制度至关重要。现探讨金融的基本定义及其主要表现形式，以帮助读者更全面地了解金融体系的运作机制。

（一）金融的概念

金融是指通过货币的借贷、投资、融资等方式进行的经济活动，其核心功能在于实现资源的优化配置，即通过金融市场的机制将社会上闲置的资金引导到最需要的领域。一是金融促进了资本的有效流动，为企业和个人提供了必要的资金支持，这对于经济的持续增长和创新发展具有重要意义。二是金融市场通过利率、汇率等金融工具的调节，影响着整个经济体的资源配置和宏观经济稳定。

（二）金融的表现形式

金融的表现形式多种多样，主要包括银行业、证券业、保险业和信托业等。一是银行业作为传统的金融中介，主要负责存款、贷款等业务，为企业和个人提供资金支持。银行的运作不仅影响着金融市场的流动性，也对货币政策的实施具有重要影响。二是证券业通过股票、债券等金融工具，实现资金的集中和分散配置。证券市场的价格波动不仅反映了市场供需关系，还受到宏观经济和政策变化的影响。三是保险业通过风险分散机制，为个人和企业提供经济保障，促进社会稳定。四是信托业通过资产管理和财富规划，为客户提供多元化的投资选择和风险管理服务。

金融的概念和表现形式是理解金融法律制度的基础。金融不仅是经济运行的润滑剂，也是资源配置的有效工具。通过探讨金融的多样化表现形式，可以更好地理解金融市场的复杂性和金融法的重要性。随着全球经济的发展和金融市场的不断演变，金融法的研究和实践将继续发挥关键作用，为金融体系的稳定和可持续发展提供法律保障。

二、金融法的地位

金融法在现代法律体系中占据着重要地位，其核心功能是规范和调控金融市场的运作，维护金融稳定，保护投资者权益。随着全球经济一体化和金融创新的加速，金融市场变得日益复杂和多样化，这使得金融法的重要性日益凸显。金融法通过制定和实施各类金融法规和监管政策，确保金融机构的合法运营和市场的有序竞争，防止金融欺诈和系统性风险的发生。此外，金融法还在促进经济发展和维护国家经济安全方面发挥着关键作用。如通过外汇管理法律制度，金融法帮助国家控制资本流动，维护货币稳定。总体而言，金融法不仅是金融市场的法律保障，更是国家经济政策的有力工具，对于社会经济的健康发展具有不可替代的作用。

三、金融法的特点

金融法具有以下几个显著特点：它高度专业化和技术化。金融法涵盖银行、证券、保险等多个领域，每个领域都有其独特的法律规定和技术要求，要求执法者和从业者具备深厚的专业知识。金融法具有较强的动态性和前瞻性。随着金融市场的发展和金融工具的创新，金融法律制度需要不断更新和调整，以应对新的风险和挑战。金融法在国际性和全球化趋势下，呈现出跨国性和协调性。全球化使得各国金融市场紧密联系，各国间的法律协调和合作日益重要，以应对跨国资本流动和跨境金融风险。最后，金融法的实施依赖于有效的监管机制和严格的法律执行，这包括建立健全的金融监管机构、完善的信息披露制度以及严厉的法律处罚措施，以保障金融市场的稳定和公正。

四、金融法的概念和调整对象

金融法是规范和调整金融市场及其参与者行为的法律体系。它涵盖了金融市场的管理、金融机构的经营，以及金融体系内部的组织关系等多个方面。金融法的主要功能在于维护金融市场的秩序，保护投资者和消费者的合法权益，促进金融市场的稳定和发展。现探讨金融法的概念及其调整的主要对象。

（一）金融管理关系

金融管理关系是指政府及其金融监管机构与金融市场参与者之间的法律关系，一是金融监管机构通过法律法规对金融市场进行监督和管理，确保市场的公平和透明。二是这些机构制定和执行金融政策，如货币政策、信贷政策等，以调控经济和金融市场的运行。三是金融管理关系还涉及金融市场的基础设施建设，如支付系统、清算系统等，确保市场的高效运作和资金的安全流动。

（二）金融经营关系

金融经营关系是指金融机构与客户之间的法律关系，这些关系主要涉及资金的筹集、分配和使用，一是金融机构提供存款、贷款、投资等服务，为客户提供资金支持和财务管理。二是金融机构在提供服务时需要遵守相关法律法规，确保信息披露的透明性和交易的公平性。三是金融经营关系还包括对客户资金的安全管理，如存款保险制度、投资者保护机制等，以防止金融风险和损失。

（三）金融组织关系

金融组织关系是指金融机构内部的治理结构及其与外部利益相关者之间的关系。一是金融机构的治理结构包括股东、董事会、管理层等各方之间的权利和义务分配。二是这些关系的法律框架规定了机构的决策程序、风险控制和内部监督机制，确保机构的稳健经营和合规性。三是金融组织关系还涉及金融机构与外部审计机构、评级机构等第三方之间的合作与监督，确保信息的准确性和透明度。

金融法通过规范金融管理关系、金融经营关系和金融组织关系，为金融市场的健康发展提供法律保障。金融法的有效实施不仅有助于防范和化解金融风险，还能增强金融市场的信任和稳定。随着全球金融市场的不断变化和发展，金融法将继续发挥重要作用，确保金融体系的安全性和可持续性。

五、中国金融法的体系结构

中国金融法体系涵盖了多个方面，包括金融机构的组织管理、金融市场的经营规制、金融监管的执行机制以及宏观金融调控的法律框架。这一体系的建立旨在维护金融市场的稳定，促进经济的健康发展，并保护各方利益。以下详细探讨中国金融法体系的四个主要构成部分。

（一）金融机构组织法

金融机构组织法主要规范金融机构的设立、变更和终止等方面。一是规定了银行、证券公司、保险公司等各类金融机构的设立条件和审批程序，确保市场准入的公正性。二是对金融机构的内部治理结构提出要求，包括股东大会、董事会、监事会等组织机构的职责分工和运行机制。三是规定了金融机构的资本金要求，以保证其在经营过程中具备足够的抗风险能力。四是明确了金融机构在发生重大变动，如合并、重组或解散时的法律程序，确保市场的稳定和投资者的利益。

（二）金融经营规制法

金融经营规制法旨在规范金融市场的经营行为，保障市场的公平性和透明度。一是规定了金融产品的发行、交易和信息披露要求，保护投资者的知情权。二是对金融广告和营销行为进行监管，防止虚假宣传和不正当竞争。三是制定了反洗钱和反恐融资的法律措施，确保金融系统的安全。四是明确了金融机构在贷款、投资等业务中的风险管理和控制要求，防范系统性金融风险的发生。

（三）金融监管法

金融监管法为金融市场的监督管理提供法律依据和执行框架。一是赋予监管机构如中国人民银行、银保监会、证监会等相应的监管权限，确保其依法履行职责。二是规定了金融机构和市场参与者的信息报送和披露义务，加强市场透明度。三是制定了针对违规行为的处罚措施，包括罚款、吊销执照等，以维护市场秩序。四是建立了金融稳定和风险处置的法律机制，确保在金融危机或突发事件中能够迅速采取有效措施。

（四）金融调控法

金融调控法是国家通过法律手段对金融活动进行宏观调控的重要工具，一是通过货币政策工具如利率、存款准备金率等调节市场流动性。二是使用财政政策和金融政策相结合的方式，调控经济的增长和通货膨胀。三是制定资本市场的相关政策，如资本项目管制、外汇管理等，保持金融市场的平衡。四是建立金融安全网，包括存款保险、最后贷款人等机制，增强金融体系的抗风险能力。

中国金融法的体系结构通过规范金融机构的设立和运营、监管金融市场的行为、确保监管的有效性以及实施宏观金融调控，构建了一个完整而有力的法律框架。这一体系在保障金融市场的稳定、促进经济发展和保护投资者权益方面发挥着重要作用。随着金融市场的国际化和金融创新的不断推进，中国金融法体系也将在实践中不断完善和发展。

第二节　中国人民银行法

一、中央银行的法律地位和调控职能

中国人民银行（以下简称“央行”）作为中国的中央银行，是国家金融体系的核心机构之一。央行的法律地位和宏观调控职能对于维护国家金融稳定、促进经济健康发展至关重要。现探讨央行在法律上的地位及其在宏观经济调控中的关键作用。

（一）中国人民银行的法律地位

中国人民银行的法律地位由《中华人民共和国中国人民银行法》（以下简称《央行法》）确立。《央行法》明确规定，央行是中华人民共和国的中央银行，依法独立执行货币政策，维护金融稳定，提供金融服务。一是央行的独立性体现在其独立制定和实施货币政策的能力上。这意味着央行在制定利率、汇率、存款准备金率等政策工具时，不受其他政府部门的直接干预，从而保证政策的科学性和客观性。二是央行在国家金融体系中享有高度的权威，其职责包括发行货币、管理国家外汇储备、监督管理金融市场、维护支付清算系统的安全与效率等。央行作为金融市场的监管者和维护者，其法律地位的确立为其有效履行职责提供了法律保障。

（二）中国人民银行的宏观调控职能

中国人民银行在宏观经济调控中的职能主要体现在货币政策的制定和执行上。一是通过调控货币供应量，央行影响市场的利率水平，从而调节经济活动的总量。这包括通过公开市场操作、再贷款、再贴现等方式，调整市场上的货币流通量，达到控制通货膨胀、稳定物价、促进经济增长的目标。二是央行的汇率政策和外汇管理职能。央行通过管理人民币汇率，影响进出口贸易、资本流动和国际收支平衡。同时央行还负责国家外汇储备的管理，确保国际收支的稳定和对外经济的安全。三是金融稳定的维护。央行通过监测和分析金融体系的运行状况，识别和预防系统性金融风险，确保金融市场的稳健运行。尤其在金融危机或突发经济事件中，央行发挥“最后贷款人”的角色，提供紧急流动性支持，防止金融市场的恐慌和系统性崩溃。

中国人民银行在中国金融体系中占据核心地位，其法律地位和宏观调控职能对于国家经济和金融的稳定与发展具有关键作用。通过独立的货币政策执行和金融市场监管，央行有效地维护了市场的秩序和稳定，促进了经济的健康发展。随着全球经济环境的变化和国内经济不断发展，央行的职能和地位也将持续演进，为应对新的挑战提供保障。

二、中央银行制定和实施的货币政策

货币政策是中央银行通过控制货币供应量和利率水平来影响经济活动的重要工具。中国人民银行作为中国的中央银行，其制定和实施的货币政策对经济的稳定和发展起着至关重要的作用。现探讨货币政策的概念和特征，以及货币政策目标的一般规定。

（一）货币政策的概念和特征

货币政策是指中央银行通过调控货币供应量、调整利率和监管金融市场来影响国民经济的总需求，以实现经济稳定、控制通货膨胀和促进就业的政策工具。其核心在于通过货币和信用的调节来影响经济运行的总量和平衡。一是货币政策的工具主要包括公开市场操作、利率政策、存款准备金率、再贴现政策等。公开市场操作是央行通过买卖政府债券来调节市场上的货币供应量；利率政策则通过调整存贷款利率来影响市场上的资金成本和流动性；存款准备金率是指银行必须保存的最低存款准备金比例，通过调整这一比例，央行可以直接影响银行的贷款能力和货币供应量；再贴现政策则是央行通过调整再贴现率来影响金融机构的融资成本和资金流动性。二是货币政策的传导机制涉及多个方面，包括利率传导、信用传导、资产价格传导和汇率传导等。利率传导机制是指利率变化对消费和投资的影响；信用传导机制是指货币政策对金融机构的贷款行为和企业融资条件的影响；资产价格传导机制是指货币政策对房地产、股票等资产价格的影响，从而影响消费和投资决策；汇率传导机制是指货币政策对外汇市场的影响，从而影响进出口和资本流动。三是货币政策的时滞效应和不确定性。由于经济活动的复杂性和多变性，货币政策的效果通常存在时间滞后，即政策实施后需要一段时间才能对经济产生明显的影响。此外，经济环境的变化和外部冲击的影响，也导致货币政策效果的不确定性。

（二）货币政策目标的一般规定

货币政策的主要目标通常包括促进经济增长、保持物价稳定、实现充分就业和保持国际收支平衡。中国人民银行在制定货币政策时，须综合考虑这些目标，并根据经济形势的变化进行调整。一是促进经济增长。货币政策通过调节货币供应量和利率，影响总需求的变化，从而推动经济增长。在经济增长放缓时，央行可以通过宽松的货币政策，降低利率和增加货币供应量，刺激消费和投资，促进经济复苏。在经济过热时，则可以通过紧缩的货币政策，提高利率和减少货币供应量，抑制通货膨胀和经济过热。二是保持物价稳定。物价稳定是货币政策的核心目标之一。过高的通货膨胀会侵蚀购买力，扰乱经济秩序，降低人民的生活水平。央行通过控制货币供应量和利率水平，调节市场上的货币流通量，抑制通货膨胀压力。特别是在通胀预期升温时，央行需要及时采取紧缩措施，避免通货膨胀的恶化。三是实现充分就业。货币政策对就业的影响主要通过影响总需求和经济增长来实现。当经济陷入衰退、失业率上升时，央行可以通过宽松的货币政策，降低融资成本，促进企业投资和扩张，增加就业机会。在经济过热、就业市场紧张时，央行则采取紧缩政策，防止经济过热和通货膨胀的上升。四是保持国际收支平衡。货币政策对国际收支的影响主要体现在汇率政策上。央行通过管理人民币汇率和外汇储备，调节国际资本流动和进出口贸易，维护国际收支的稳定。特别是在面对国际金融市场波动时，央行需要灵活调整货币政策，防止外汇市场的剧烈波动和资本外流对经济的冲击。

中国人民银行在制定和实施货币政策时，必须在促进经济增长、保持物价稳定、实现充分就业和保持国际收支平衡之间寻求平衡。这一过程不仅需要考虑国内经济环境的变化，还须关注国际经济形势和外部冲击对中国经济的影响。通过灵活运用各种货币政策工具和传导机制，央行可以有效调控市场流动性，保持经济的平稳运行和金融市场的稳定。随着中国经济的不断发展和金融市场的日益成熟，中国人民银行的货币政策在促进经济稳定、维护金融安全方面将继续发挥关键作用。

三、货币发行的基本制度

货币发行是中央银行的重要职能之一，是调节经济活动和维护货币稳定的关键环节。在中国，人民币是唯一合法货币，其发行、管理和法律地位由《中华人民共和国中国人民银行法》所规定。现探讨人民币的法律地位、发行制度以及管理机制。

（一）人民币的法律地位

人民币是中华人民共和国的法定货币，其法律地位受到国家法律的保护。一是《中华人民共和国中国人民银行法》和《中华人民共和国人民币管理条例》明确规定，人民币是中国唯一的合法货币，必须在全国范围内被接受作为支付手段。二是人民币的发行权由中国人民银行独家行使，这一安排确保了货币政策的统一性和有效性。三是对人民币的保护包括禁止伪造和变造人民币的行为，法律对这些行为规定了严厉的处罚措施，以维护人民币的信誉和流通秩序。

（二）人民币的发行

人民币的发行由中国人民银行按照国家货币政策的要求进行。一是人民币的发行量根据经济发展的需要和货币政策的目标来确定。央行通过货币供应量的调节，控制通货膨胀和维持经济稳定。二是发行过程包括货币的印制、运输和投放。印制好的人民币由央行通过商业银行系统投放到市场上。三是人民币发行的透明度和安全性。中国人民银行定期公布货币供应量的数据，接受社会的监督。同时货币的印制和发行过程具有高度的安全保障，防止伪造和非法流通。

（三）人民币的管理

人民币的管理包括对货币流通的监控和调节，以确保货币体系的稳定性和有效性。一是央行通过公开市场操作、再贷款、存款准备金率等工具调节市场上的货币流通量。二是对人民币的流通状态进行监控，防止市场上出现现金短缺或过剩现象。三是对旧版人民币的回收和管理。央行定期更新人民币的设计和防伪技术，并通过回收旧币和发行新币的方式，维护货币的信誉和安全。

人民币作为中国的法定货币，其发行和管理是维持国家经济稳定和金融秩序的基础。中国人民银行通过严格的法律框架和制度安排，确保人民币的法律地位和发行的规范性。同时通过有效的管理机制，维护货币流通的安全和稳定。随着经济的发展和全球化进程的推进，人民币的地位和作用将继续增强，为国家经济的发展提供有力保障。

四、中央银行调控的保障制度

中央银行调控的保障制度是确保货币政策有效实施的基础。这些制度包括存款准备金制度、基准利率制度、再贴现制度、再贷款制度和公开市场操作制度。这些工具和机制为中国人民银行提供了多样化的手段来调控货币供应量和市场利率，从而影响经济活动和金融稳定。

（一）存款准备金制度

存款准备金制度是中央银行用于调控货币供应量和信贷增长的基本工具之一。存款准备金是指商业银行按照法律规定或中央银行的要求，保留的部分存款，这部分资金不得用于贷款或投资，必须存放在中央银行。这一制度不仅是中央银行控制货币供应量的重要手段，也在稳定金融系统和防范金融风险方面发挥了关键作用。

一是存款准备金率的设定。存款准备金率是指商业银行需要保留的准备金与其存款总额的比例。中央银行根据宏观经济形势、货币政策目标和金融市场状况，调整这一比率。通常情况下，当中央银行希望收紧货币政策以控制通货膨胀时，会提高存款准备金率。这种做法会减少银行可用于贷款和投资的资金，从而抑制货币供应量和信贷增长，减缓经济过热的风险。相反，当中央银行希望刺激经济增长时，则降低存款准备金率，以增加银行的可贷资金量，促进经济活动。

二是存款准备金的存放和管理。商业银行必须将准备金存放在中央银行的账户中，这些准备金主要用于应对客户的大规模提款需求，从而维持银行体系的流动性和稳定性。存款准备金制度也为中央银行提供了对银行系统进行监控的机会，通过定期的审计和检查，确保银行遵守准备金规定，防止过度贷款或不当投资导致的系统性风险。

三是存款准备金对利率的影响。存款准备金率的调整不仅影响银行的资金可用性，还直接影响市场利率。较高的存款准备金率会增加银行的运营成本，这通常会导致银行提高贷款利率，以补偿成本的增加。相应地，存款利率的变化也会影响储户的存款行为，从而进一步影响市场上的资金供应和需求。这种机制使得存款准备金制度成为中央银行调控货币市场的重要工具。

四是存款准备金制度的执行和监管。中央银行通过设定和调整存款准备金率，实施货币政策的意图。然而，在实际执行过程中，央行还需要通过监管手段确保商业银行的合规性。这包括定期的银行检查、监管报告的提交以及对违规行为的处罚等。此外，为了提高存款准备金政策的透明度和市场的预期管理，中央银行通常会公布相关数据和政策变动信息，让市场参与者了解央行的政策意图和经济形势的评估。

五是存款准备金制度的调整空间和灵活性。中央银行可以根据经济周期和市场变化灵活调整存款准备金率。如在全球金融危机或国内经济出现严重下滑时，央行会大幅降低存款准备金率，以迅速增加银行系统的流动性，支持经济复苏。另一方面，当经济过热或存在资产泡沫风险时，央行会提高存款准备金率，以防止经济失衡和金融风险的积累。中央银行还可以通过引入差别化准备金率，针对不同类型的银行或金融机构实施不同的准备金要求，以更精准地控制货币供应和信用风险。

（二）基准利率制度

基准利率制度是中央银行通过设定一系列关键利率标准来指导市场利率水平

的货币政策工具。基准利率不仅是中央银行向金融机构提供贷款或再融资的成本基础，也是市场上其他各种利率的基准。这一制度在货币政策传导、经济活动调节以及通货膨胀控制中发挥着重要作用。

一是基准利率的确定和调整。基准利率通常由中央银行根据宏观经济数据和政策目标来确定。这些数据包括通货膨胀率、失业率、经济增长率以及其他经济指标。中央银行通过定期的货币政策会议来评估经济状况，并根据这些评估调整基准利率。提高基准利率通常意味着中央银行希望抑制经济过热和通货膨胀，而降低基准利率则表明中央银行希望刺激经济增长和增加就业。

二是基准利率对商业银行利率的影响。基准利率直接影响商业银行的资金成本。商业银行在借贷中央银行资金时所支付的利率与基准利率挂钩。因此，当中央银行提高基准利率时，商业银行的借款成本增加，这通常会导致银行提高对客户的贷款利率，以维持其利润率。同样地，存款利率也会随之上升，以吸引更多的存款。这一机制确保了基准利率的变化能够迅速传导到整个金融体系，影响个人和企业的借贷成本，从而调节经济活动。

三是基准利率作为货币政策传导的核心。基准利率变化通过多个渠道影响经济，包括消费、投资、汇率和通货膨胀预期。基准利率上升会增加借贷成本，抑制消费和投资，减缓经济增长。这是通过降低企业和消费者的借贷意愿以及增加现有贷款的偿还压力来实现的。基准利率变化会影响汇率。较高的利率通常会吸引外国资本流入，推高本国货币的汇率，反之亦然。最后基准利率是通货膨胀预期的重要决定因素。中央银行通过调整基准利率，可以影响市场对未来通货膨胀的预期，从而控制物价水平。

四是基准利率的透明度和市场预期管理。中央银行的政策透明度对于市场的有效运作至关重要。通过公开基准利率决策的理由和未来政策的方向，中央银行可以影响市场预期，减少不确定性。这通常是通过发布政策声明、会议纪要和经济展望报告来实现的。这些公开信息帮助市场参与者理解中央银行的决策逻辑，从而形成一致的预期，降低市场波动性。此外，中央银行还通过前瞻性指引（Forward Guidance）来明确未来利率政策的预期方向，以进一步稳定市场预期。

五是基准利率制度的局限性。尽管基准利率是一个强有力的货币政策工具，但在一些情况下，其效果受到限制。如当经济面临严重衰退或流动性陷阱时，即使中央银行将基准利率降低到接近零，也不足以刺激经济活动。在这种情况下，中央银行需要采用非常规货币政策工具，如量化宽松或负利率政策。此外，基准利率的调整需要平衡多个目标，如经济增长、通货膨胀和金融稳定，这在实践中面临复杂的权衡。基准利率制度在现代货币政策中占据核心地位。它不仅是中央银行调控经济活动和通货膨胀的重要工具，也是影响金融市场和经济预期的关键因素。通过有效管理基准利率，中央银行可以实现其货币政策目标，维护经济的长期稳定和可持续增长。然而，基准利率制度的实施和管理需要高度的专业性和透明度，以确保市场的信心和预期的稳定。

（三）再贴现制度

再贴现制度是中央银行通过为商业银行和其他金融机构提供短期流动性支持的一种重要货币政策工具。通过再贴现，中央银行能够影响市场上的货币供应量和利率水平，从而调节经济活动和金融稳定。再贴现制度在货币政策传导、金融市场稳定和信贷扩张中发挥着关键作用。

一是再贴现率的确定。再贴现率是中央银行向商业银行提供再贴现服务的利率，通常低于市场利率。这一利率由中央银行根据货币政策目标、市场利率水平和经济状况设定。再贴现率的调整可以反映中央银行对货币政策立场的变化。如当中央银行希望收紧货币政策时，会提高再贴现率，以减少商业银行的借贷意愿，抑制货币供应量的扩张；相反，当央行希望出现宽松货币政策时，会降低再贴现率，鼓励商业银行借贷，增加市场上的货币供应。

二是再贴现的运作机制。再贴现是一种中央银行为商业银行提供短期贷款的机制。商业银行在持有客户票据或其他合格资产时，可以将这些票据提交给中央银行进行再贴现，从而获得现金流。这种机制为商业银行提供了一种灵活的资金来源，特别是在市场流动性紧张或出现短期资金缺口时。再贴现通常具有较短的期限（如7天、14天或28天），因此主要用于满足银行的临时流动性需求。

三是再贴现制度的宏观调控作用。通过再贴现，中央银行可以直接影响银行体系的流动性状况和市场上的货币供应量。当央行增加再贴现的供应量时，银行获得更多资金支持，可以扩大贷款和投资，从而刺激经济增长。反之，减少再贴现供应量则会收紧银行的流动性，限制信贷扩张，有助于控制通货膨胀和经济过热。此外，再贴现政策还可以作为央行应对金融危机或市场不稳定的重要工具，通过提供紧急流动性支持，防止银行挤兑和金融市场的系统性风险。

四是再贴现的风险管理。中央银行在再贴现过程中，对票据的质量和商业银行的信用状况进行严格审查。这包括评估票据的合法性、流动性和风险水平，以及商业银行的资信和还款能力。通过这些措施，央行能够控制再贴现的信用风险，防止不良资产和金融风险的扩散。同时央行还可以设置再贴现额度和条件，限制商业银行过度依赖再贴现融资，保持金融系统的稳健性。

五是再贴现制度的国际比较。再贴现制度在不同国家的中央银行中有不同的形式和操作方式。尽管如此，作为货币政策工具的核心功能是相似的，即提供流动性支持和调节经济活动。在一些国家，再贴现政策与其他货币政策工具如公开市场操作、基准利率调整等紧密结合，以形成一个综合的货币政策框架。此外，国际金融合作和信息共享也使得各国中央银行能够更好地协调再贴现政策，特别是在应对全球金融危机或跨境金融风险时。再贴现制度是中央银行调控货币供应和支持金融市场稳定的一个重要工具。通过合理设定和调整再贴现率，中央银行能够影响商业银行的资金成本和借贷行为，从而调节经济活动和通货膨胀水平。再贴现政策的有效性取决于中央银行的政策框架、市场状况和经济环境的综合因素。因此，中央银行需要灵活运用再贴现工具，与其他货币政策手段相配合，以实现经济的稳定增长和金融的长期稳定。

（四）再贷款制度

再贷款制度是指中央银行向商业银行提供中长期贷款，以支持特定经济领域的发展或应对金融体系的特殊需求。这一制度为金融机构提供了一个重要的融资渠道，特别是在经济下行或金融市场不稳定时，再贷款可以作为一种逆周期的政策工具，为市场注入流动性，支持经济活动的复苏和稳定。

一是再贷款的目的。再贷款的主要目的是通过提供优惠的贷款条件，支持特定行业或地区的发展，促进经济的平衡增长。再贷款通常用于支持农业、科技创新、中小企业等领域，帮助这些经济体获得所需的资金。中央银行可以通过再贷款政策引导信贷流向，优化资源配置。此外，再贷款也在金融危机或市场动荡时，为金融机构提供流动性支持，避免系统性金融风险的蔓延。

二是再贷款的种类。再贷款可以根据用途和对象的不同分为多种类型，包括农业再贷款、科技创新再贷款、中小企业再贷款等。农业再贷款主要支持农村地区的农业生产和基础设施建设，科技创新再贷款则支持高科技产业的发展和创新活动，中小企业再贷款旨在解决中小企业融资困难的问题。此外，还有政策性再贷款和商业性再贷款的区分，前者更多地体现政策导向和经济调节功能，后者则更多地基于市场需求和风险评估。

三是再贷款的条件和利率。再贷款的条件通常包括贷款的期限、抵押品要求、贷款用途的合规性等。中央银行根据政策目标和市场状况设定再贷款利率，一般低于市场利率，提供优惠的融资条件。再贷款利率的设定既考虑了资金成本，也反映了中央银行的货币政策立场和经济调控意图。再贷款的期限可以是短期、中期或长期，视具体政策需求而定。抵押品要求的设定则有助于控制信贷风险，确保贷款的安全性。

四是再贷款的风险管理。再贷款涉及的风险包括信用风险、市场风险和操作风险。为有效管理这些风险，中央银行对申请再贷款的金融机构进行严格的资格审查，评估其财务状况、信用记录和管理能力。此外，中央银行还会对贷款的使用情况进行跟踪和监督，确保贷款资金用于符合政策导向的合法用途。风险管理的另一个重要方面是对再贷款规模的控制，避免过度依赖再贷款造成的金融杠杆风险。

五是再贷款制度的效果评估。再贷款政策的效果评估涉及对政策实施过程和结果的系统分析。评估内容包括贷款的发放情况、资金使用的合规性、对目标领域的支持效果以及对宏观经济的影响。中央银行通常通过数据分析、现场检查和金融机构反馈等方式，获取再贷款的相关信息。根据评估结果，中央银行可以调整再贷款政策的规模、结构和条件，以提高政策的有效性和针对性，确保其更好地服务于经济的稳定和发展。再贷款制度是中央银行在货币政策工具中一个灵活而有力的选项。通过提供中长期的优惠贷款，再贷款能够支持特定经济部门的发展和结构调整，发挥逆周期调节的作用。在经济不稳定时期，再贷款还可以作为金融市场的“最后贷款人”功能，提供紧急流动性支持，维护金融系统的稳定和信心。有效的再贷款政策需要精确的政策设计、严格的风险管理和持续的效果评估，以确保政策目标的实现和社会经济效益的最大化。

（五）公开市场操作制度

公开市场操作制度是中央银行通过在公开市场上买卖政府债券和其他金融资产，调节货币供应量和利率水平的重要工具。公开市场操作作为现代货币政策的核心手段之一，具有灵活性、精确性和即时性的特点，使得中央银行能够快速响应经济和金融市场的变化。

一是公开市场操作的目标。公开市场操作的主要目标是通过调节市场上的货币流动性水平，影响短期利率和市场利率，进而影响经济活动和通货膨胀。通过增加或减少市场上的货币供应量，中央银行可以控制资金成本，影响商业银行的贷款和投资行为，从而调节总需求。公开市场操作的具体目标包括保持通货膨胀率在目标范围内、稳定经济增长、实现充分就业以及维护金融市场的稳定性。

二是公开市场操作的方式。公开市场操作主要包括正回购、逆回购、证券买卖和长期贷款工具等操作形式。正回购操作是中央银行从市场上买入证券，并同意在未来某一日期以预定价格卖回，从而暂时增加市场的货币供应量。逆回购操作则是中央银行卖出证券，并同意在未来某一日期以预定价格买回，从而暂时减少市场的货币供应量。此外，中央银行还可以通过直接买卖政府债券或其他金融资产，永久性地调整货币供应量和市场利率。长期贷款工具如定向长期再融资操作（TLTRO），则提供更长期的流动性支持，针对特定金融机构或市场需求。

三是公开市场操作的灵活性。公开市场操作具有高度的灵活性，允许中央银行根据市场和经济状况随时调整操作的规模、方向和频率。这种灵活性使得中央银行能够迅速应对市场的突发变化，如金融危机、市场动荡或通货膨胀压力。同时公开市场操作还可以与其他货币政策工具，如存款准备金率和基准利率调整相结合，形成一个综合的政策框架，增强货币政策的有效性。

四是公开市场操作的透明度和市场预期管理。公开市场操作的有效性部分取决于中央银行与市场之间的透明信息沟通。通过发布政策声明、操作公告和货币政策报告，中央银行可以向市场传达其政策意图和经济评估。这些信息有助于市场参与者理解中央银行的决策逻辑，形成合理的市场预期，减少不确定性和市场波动。此外，中央银行还可以通过前瞻性指引，明确未来货币政策的路径，进一步稳定市场预期。

五是公开市场操作的局限性。尽管公开市场操作是一个强有力的货币政策工具，但在某些情况下，其效果受到限制。如在金融市场的流动性陷阱中，即使中央银行增加货币供应量，资金也滞留在银行体系内部，而未能有效传导到实体经济。此外，在应对全球性的经济或金融危机时，仅依靠公开市场操作不足以应对全面的经济冲击，须结合其他非常规货币政策工具，如量化宽松或负利率政策。

公开市场操作制度在现代中央银行的货币政策框架中占据核心地位。它提供了一种灵活、高效的方式来调节市场流动性、控制利率水平和管理经济预期。通过公开市场操作，中央银行能够实现其政策目标，维护经济的稳定和可持续增长。然而，公开市场操作的有效实施依赖于中央银行的专业判断、市场的透明度以及与其他政策工具的协调配合。随着全球金融市场的复杂化和多变性，公开市场操作制度也在不断发展和创新，以更好地应对新的经济挑战和金融风险。

第三节　逆周期金融宏观审慎管理制度

一、商业银行法与逆周期金融宏观审慎管理

逆周期金融宏观审慎管理是一种在金融监管中引入经济周期因素的调控方式，旨在通过政策措施平滑经济波动，防范系统性金融风险。商业银行作为金融体系的核心，其健康发展直接影响金融稳定和经济安全。商业银行法为商业银行的设立、经营、风险管理等提供了法律框架，而逆周期宏观审慎管理则通过更为灵活的政策工具，如逆周期资本缓冲、动态拨备制度等，增强商业银行抵御经济周期波动的能力。逆周期资本缓冲要求银行在经济繁荣期提高资本储备，以应对经济衰退时面临的信贷损失；动态拨备制度则要求银行在贷款扩张时增加拨备，减缓信贷增长速度，从而在经济下行时减少信贷紧缩的风险。这些措施有助于减少银行在经济繁荣时的过度贷款行为，防止金融体系的杠杆过度积累。同时逆周期宏观审慎管理与商业银行法的协调运作，确保了银行在法定监管框架下，维持必要的资本充足率和风险管理水平。通过将经济周期纳入监管考量，逆周期宏观审慎管理制度增强了银行业的稳定性，有效防范金融系统的系统性风险，保障经济的平稳运行。

二、逆周期金融宏观审慎管理工具

逆周期金融宏观审慎管理制度旨在通过调节金融体系的抗风险能力，以应对经济周期波动对金融稳定的影响。它的核心在于建立一套可以在经济繁荣期积累资本缓冲、在经济衰退期释放缓冲的机制。这种制度安排有助于平抑金融市场的

过度波动，防止系统性金融风险的积累。逆周期金融宏观审慎管理工具包括逆周期资本监管、会计准则监管、杠杆率监管、压力测试和贷款成数等。这些工具通过不同的机制和路径，共同促进金融体系的稳健发展和抗风险能力。

（一）逆周期资本监管

逆周期资本监管是指银行等金融机构在经济繁荣时期，积累额外的资本缓冲，以应对未来经济下行时面临的风险。这个工具的设计初衷是通过加强资本的缓冲能力，增强金融机构的抗风险能力，防止金融体系在经济周期的不同阶段出现剧烈波动。

一是逆周期资本缓冲的设定。逆周期资本缓冲是指金融机构在正常的资本要求之外，额外持有的一部分资本。这部分资本在经济繁荣时期增加，在经济下行时期可以逐步释放，以支持金融机构应对潜在的损失和风险。中央银行或金融监管机构根据经济周期的不同阶段，设定不同的缓冲比例。通常，在信贷快速扩张和资产价格高涨时期，逆周期资本缓冲要求会增加；而在信贷紧缩和资产价格下跌时期，则会降低缓冲要求，以释放资本支持经济复苏。

二是逆周期资本监管的影响因素。设定逆周期资本缓冲的关键是准确判断经济周期的位置和信贷增长的过度程度。监管机构通常会参考一系列指标，包括信贷与GDP的比率、资产价格的波动、金融市场的杠杆水平等。信贷与GDP比率的变化尤其重要，因为它反映了金融体系对经济的杠杆作用。如果这一比率显著上升，意味着信贷扩张过快，金融风险积累；反之，显著下降预示信贷紧缩，对经济增长产生抑制作用。

三是逆周期资本监管的实施。逆周期资本缓冲要求的实施涉及多个方面，包括法律框架的建立、监管机构的协调、金融机构的合规性以及市场的反应。监管机构需要明确缓冲的设定标准、调整频率和触发条件，并确保金融机构按照要求积累或释放资本。这一过程中，监管机构还需要与金融机构保持沟通，解释政策意图和措施，增强市场信心。此外，为了有效评估逆周期资本缓冲的效果，监管机构还须定期进行压力测试和风险评估。

四是逆周期资本监管的优缺点。逆周期资本缓冲有助于提高金融体系的稳定性和抗风险能力，特别是在经济繁荣时期，可以防止金融机构过度扩张信贷，减少未来的系统性风险。然而，这一工具也存在一些局限性。准确判断经济周期的位置和设定适当的缓冲比例具有一定的难度，特别是在面对复杂的经济环境和不确定因素时。此外，过高的资本要求导致金融机构减少贷款和投资，从而对经济增长产生负面影响。

五是国际经验和比较。许多国家已经在金融监管框架中引入了逆周期资本缓冲，如巴塞尔协议III中的逆周期资本缓冲要求。不同国家在实施这一工具时，考虑了各自的金融体系结构、经济环境和法律制度的差异。国际经验表明，逆周期资本缓冲可以有效降低系统性风险，但其成功实施需要强有力的监管执行、透明的政策沟通和有效的市场预期管理。

（二）会计准则监管

会计准则监管在金融宏观审慎管理中起着关键作用。通过制定和执行合理的会计准则，监管机构可以确保金融机构的财务报表真实反映其风险状况和财务健康，防止系统性风险的积累。会计准则监管的核心在于提高信息透明度，增强市场信心，同时提供早期预警机制，以便在金融危机发生前采取必要的防范措施。

一是会计准则的制定和修订。会计准则由专业会计机构或金融监管机构制定，其目的是确保企业的财务报告提供真实、公允的财务信息。会计准则涉及收入确认、资产估值、负债计量等多个方面，直接影响企业的财务状况和风险评估。近年来，国际会计准则委员会（IASB）和美国财务会计准则委员会（FASB）等机构不断修订会计准则，以提高会计信息的透明度和一致性。如新的金融工具会计准则IFRS 9和ASC 326对资产减值的计量和风险披露提出了更高的要求，有助于及早发现和反映金融机构的信用风险。

二是会计准则对金融机构的影响。会计准则的变化对金融机构的影响较为显著，特别是在资产负债表的构建和风险披露方面。严格的会计准则要求金融机构更加谨慎地进行资产评估和风险管理。例如在金融工具的减值处理上，新的准则要求金融机构在资产出现信用风险的早期阶段就开始计提减值准备，而不是等待损失发生。这种做法可以提高风险的透明度，减少“坏账”积累的风险。然而，会计准则的严格性也导致金融机构利润波动加剧，尤其是在经济不确定性增加时，金融机构增加减值准备，影响其盈利能力和资本充足率。

三是会计准则监管的挑战。会计准则的实施和监管面临多方面的挑战。不同国家和地区的会计准则存在差异，这导致跨国企业和金融机构在财务报告上的不一致，从而影响全球市场的比较性和透明度。新的会计准则的复杂性和技术性增加了企业和金融机构的合规成本，需要投入大量资源进行系统升级、员工培训和内部控制调整。此外，市场参与者对会计准则变化的理解和应用也存在不一致，导致市场反应过度或不足，影响金融市场的稳定。

四是会计准则监管的实施策略。为了有效实施会计准则监管，金融监管机构需要采取多方面的措施。这包括加强与会计准则制定机构的沟通与合作，确保会计准则的制定过程考虑到金融市场的实际情况和风险特征。此外，监管机构还需要加强对金融机构的监督和检查，确保其遵循最新的会计准则，并及时发现和纠正违规行为。教育和培训也是重要的一环，通过培训金融机构的管理层和员工，提高他们对新会计准则的理解和应用能力，减少合规风险。

五是会计准则监管的国际协调。随着全球金融市场的互联互通，加强国家间的会计准则协调显得尤为重要。国际会计准则理事会（IASB）和美国财务会计准则委员会（FASB）等国际机构一直致力于推进会计准则的全球趋同，这有助于提高跨境金融活动的透明度和可比性。此外，国际金融机构和多边组织也积极推动全球会计准则的协调与合作，通过分享最佳实践和推动技术交流，促进全球金融市场的稳定与发展。

会计准则监管在金融宏观审慎管理中具有不可或缺的地位。通过制定和实施严格的会计准则，监管机构可以提高金融机构的透明度和风险管理能力，减少系统性风险的积累。然而，会计准则监管的有效性依赖于全球协调、市场参与者的合规性以及监管机构的执行力。随着金融市场的不断发展和创新，会计准则监管也需要不断完善，以应对新的挑战和风险。

（三）杠杆率监管

杠杆率监管是金融宏观审慎管理的核心工具之一，其目的是控制金融机构的杠杆水平，防止过度杠杆化导致的系统性金融风险。杠杆率通常通过金融机构的资本与其总资产或总风险暴露的比率来衡量，较高的杠杆率意味着金融机构在面临资产价格下跌或市场动荡时，承担的风险更大。通过设置杠杆率上限，监管机构可以限制金融机构的借贷规模，增强金融体系的稳定性。

一是杠杆率的定义和计算。杠杆率是金融机构资本与其总资产或总风险敞口的比率。计算杠杆率时，通常包括一级资本、二级资本和总资本等不同层次的资本，以及加权风险资产总额。一级资本主要包括普通股权益和公开储备，是吸收损失的第一道防线；二级资本包括次级债务和未实现损益等，是额外的资本缓冲。监管机构在确定杠杆率时，通常会考虑金融机构的规模、业务复杂性、风险暴露程度以及市场环境等因素。

二是杠杆率监管的目标。杠杆率监管的主要目标是限制金融机构的风险敞口，防止其过度依赖借贷进行扩张，从而减少系统性风险的积累。高杠杆率往往伴随着高风险，因为在市场波动或经济衰退时，杠杆率高的金融机构更容易面临资本不足和偿付危机。因此，通过设定合理的杠杆率上限，监管机构可以增强金融机构的资本充足性，确保其在面临不利经济环境时仍能保持稳健运营。

三是杠杆率监管的实施。杠杆率监管通常通过制定法规和监管政策的方式进行。金融监管机构设定杠杆率的最低要求，并对不达标的金融机构施加惩罚或限制措施。这些措施包括限制股息分配、限制高风险业务的扩展或要求增加资本。此外，监管机构还会进行定期检查和审计，确保金融机构的资本计算和杠杆率报告的准确性和透明度。金融机构则需要建立健全的内部控制机制，监测和管理自身的杠杆水平，确保符合监管要求。

四是杠杆率监管的挑战。杠杆率监管在实施过程中面临多方面的挑战。监管标准的制定和执行难度。由于不同金融机构的业务模式和风险特征各异，制定统一的杠杆率标准并不容易。此外，金融市场的快速变化和创新增加了监管的复杂性，金融机构通过复杂的金融产品和结构性交易绕过杠杆率限制。杠杆率监管对金融机构的经营行为产生抑制作用。较低的杠杆率要求导致金融机构减少贷款和投资，影响经济增长和市场活力。因此，监管机构在设置杠杆率标准时，需要在金融稳定和经济增长之间取得平衡。

五是杠杆率监管的国际经验。国际金融危机后，全球范围内的金融监管机构普遍加强了杠杆率监管。如巴塞尔协议III引入了杠杆率框架，规定了金融机构必须保持的最低杠杆率水平。这一框架旨在防止金融机构过度杠杆化，增强金融体系的抗风险能力。各国在实施这一框架时，结合本国金融体系的特点，设定了不同的杠杆率标准和监管措施。国际经验表明，杠杆率监管在提高金融稳定性方面具有显著效果，但其成功实施依赖于国家间的协调合作和信息共享。杠杆率监管是确保金融体系稳健性的重要工具。通过控制金融机构的杠杆水平，监管机构可以减少系统性风险的积累，提高金融市场的稳定性。尽管杠杆率监管面临诸多挑战，但其在防范金融危机、保护投资者利益和促进金融机构健康发展方面的作用不容忽视。随着全球金融市场的不断演变，杠杆率监管也需要与时俱进，适应新的市场环境和风险形势。

（四）压力测试

压力测试是金融监管中的一种关键工具，用于评估金融机构在极端经济或金融条件下的财务稳定性。通过模拟不利的市场条件，压力测试能够揭示金融机构潜在的脆弱性和风险敞口，为监管机构和金融机构提供预警信号，以便提前采取相应的防范措施。压力测试在金融宏观审慎管理中发挥着重要作用，特别是在提高金融体系的透明度和增强市场信心方面。

一是压力测试的定义和目的。压力测试是指通过模拟经济或金融市场的极端变化，评估金融机构在这些情况下的风险承受能力和资本充足状况。测试通常包括一系列的情景假设，如利率急剧上升、资产价格大幅下跌、经济严重衰退等。压力测试的主要目的是确定金融机构在面对极端冲击时是否具备足够的资本缓冲，能够抵御的损失，并维持正常的运营能力。

二是压力测试的情景设计。压力测试的情景设计至关重要，因为它决定了测试的严谨性和实际应用价值。情景设计通常基于历史数据、宏观经济预测和专家意见，涵盖一系列的市场和经济变化。情景应具有足够的严苛性，能够揭示金融机构在极端情况下的真实风险状况。同时情景设计需要考虑市场的联动性和传染效应，评估金融机构之间的关联性和潜在的系统性风险。良好的情景设计能够帮助识别金融体系的系统性、脆弱性，并为政策制定提供依据。

三是压力测试的实施和分析。压力测试的实施包括数据收集、模型建立、情景模拟和结果分析等步骤。金融机构需要提供详细的财务数据和风险敞口信息，监管机构则使用这些数据进行建模和模拟。模拟结果显示金融机构在特定情景下的资本充足率、损失水平和流动性状况。监管机构根据测试结果评估金融机构的风险承受能力，并确定是否需要增加资本、调整资产结构或采取其他风险管理措施。压力测试的结果不仅为个别金融机构提供了风险管理指导，也为监管机构的宏观审慎政策提供了实证依据。

四是压力测试的透明度和市场影响。压力测试的结果公开透明是提升市场信心的重要途径。通过公布测试的总体结果和关键指标，监管机构可以向市场传达金融体系的稳健性和潜在风险。透明的压力测试有助于消除市场的不确定性，防止恐慌情绪的蔓延。然而，压力测试的结果公开也需要慎重处理，以避免过度解读或误导市场。如个别金融机构在压力测试中的不佳表现，引发市场对其财务状况的担忧，甚至引发市场动荡。因此，监管机构在公布压力测试结果时，通常会提供详细的背景解释和风险管理建议，以帮助市场理解测试结果的意义和政策含义。

五是压力测试的局限性和改进方向。尽管压力测试在评估金融机构风险状况方面具有重要价值，但其也存在一些局限性。压力测试的结果依赖于情景假设和模型的准确性。如果情景设定不合理或模型存在缺陷，测试结果无法反映实际风险状况。压力测试通常基于历史数据和已知的风险因素，难以预测和量化新兴风险或未知的黑天鹅事件。因此监管机构需要不断更新和改进压力测试的方法和工具，增强其预测能力和适用性。此外，全球金融市场的高度互联性要求各国监管机构在压力测试的设计和实施中加强国际合作，分享信息和经验，共同应对全球金融风险。压力测试是金融宏观审慎管理中的一个重要工具。通过模拟极端情景，压力测试能够揭示金融机构的风险敞口和系统性脆弱性，为监管机构和市场参与者提供宝贵信息和指导。尽管压力测试的实施存在一定的挑战和局限性，但随着方法和技术的不断进步，其在金融风险管理中的作用将会进一步增强。监管机构和金融机构需要共同努力，不断提升压力测试的科学性和有效性，以更好地维护金融体系的稳定和安全。

（五）贷款成数

贷款成数（Loan-to-Value Ratio, LTV）是贷款金额与担保资产市值的比率，通常用于评估抵押贷款的风险水平。贷款成数是金融宏观审慎管理中的一个关键工具，通过限制贷款成数，可以控制金融机构的风险敞口，防止资产泡沫和系统性风险的积累。贷款成数监管在房地产市场和其他资产市场的稳健发展中发挥着重要作用。

一是贷款成数的定义和作用。贷款成数是衡量贷款安全性的一个重要指标，通常以百分比表示。如果房产的市值为100万元，而贷款金额为70万元，则贷款成数为70%。贷款成数的高低直接影响金融机构的风险暴露水平：较高的贷款成数意味着金融机构在借款人违约时，会面临更大的损失。因此，通过设定合理的贷款成数上限，监管机构可以限制金融机构的风险敞口，增强其抵御经济下行的能力。

二是贷款成数的设定依据。贷款成数的设定通常基于市场风险评估、宏观经济条件和资产价格的波动性。在资产价格快速上涨的市场中，监管机构会降低贷款成数上限，以防止贷款人过度杠杆化，抑制资产泡沫的形成。相反，在市场调整或经济低迷时，提高贷款成数可以支持借款人融资，促进市场的恢复和稳定。此外，不同类型的贷款和担保资产适用不同的贷款成数标准。如商业地产贷款的贷款成数低于住宅地产贷款，因为前者的市场风险较高。

三是贷款成数监管的实施和监督。贷款成数监管的实施需要监管机构和金融机构的紧密合作。监管机构负责制定贷款成数的具体标准和监管要求，并通过定期检查、审计和报告制度，确保金融机构的合规性。金融机构则需要建立健全的风险管理体系，严格评估贷款申请人的信用状况和担保资产的市值，并根据贷款成数标准发放贷款。此外，贷款成数监管还涉及对担保资产市场价值的动态监控，特别是在市场波动较大或资产价格不稳定的情况下，及时调整评估标准和贷款政策。

四是贷款成数监管的市场影响。贷款成数监管对市场活动和金融稳定具有重要影响。较低的贷款成数上限可以减少借款人的杠杆水平，降低金融机构的风险敞口，从而防止资产泡沫的形成和破裂。然而，这种限制也抑制市场的流动性和借贷活动，特别是在房价上涨或市场需求强劲的情况下，对经济增长产生负面影响。因此，监管机构在设定贷款成数标准时，需要平衡金融稳定和市场活力，避免过度紧缩或过度宽松的政策取向。

五是贷款成数监管的国际经验和协调。各国在贷款成数监管方面的经验和实践各有不同，这主要取决于各自的市场环境、法律体系和监管传统。国际上普遍的做法是，根据市场变化和经济周期，动态调整贷款成数标准。如在金融危机后，不少国家加强了房地产贷款的监管，提高了贷款成数的要求，以防止房地产市场的过度投机和金融系统的脆弱性。此外，随着全球金融市场的互联互通，国家间的监管协调和合作也变得越来越重要。跨境贷款和资产交易的复杂性，要求各国监管机构在政策制定和实施中加强沟通与协作，共同应对全球金融风险。

贷款成数是控制金融机构风险敞口和防范系统性金融风险的重要工具。通过合理设定和动态调整贷款成数标准，监管机构可以有效地抑制资产泡沫的形成，增强金融系统的稳健性。然而，贷款成数监管的实施需要考虑市场活力和经济增长的需要，避免过度限制借贷活动。同时加强国际协调和经验分享，对于提升全球金融市场的稳定性和抗风险能力具有重要意义。

第四节　外汇管理法调控制度

一、外汇管理概念概述

外汇管理是指一国政府或中央银行对国际收支、外汇市场和外汇交易进行监督和调控的法律和制度安排。其核心目标是维护国家经济和金融的稳定，防止国际收支失衡、外汇市场动荡和资本外流等问题的发生。外汇管理涵盖了一系列政策和措施，包括外汇储备管理、汇率政策、跨境资本流动控制、外汇市场监管以及外汇交易合规性要求。通过这些措施，政府可以调节国际收支平衡，稳定本币汇率，并防范金融风险的扩散。外汇管理在全球化背景下尤为重要，因为它不仅关系一国的经济安全，还涉及国家间的经济合作和金融稳定。随着国际贸易和跨境投资的增加，外汇管理的复杂性和重要性也在不断提升，需要更加精细和协调的政策工具和监管手段。

二、外汇管理法及其立法

外汇管理法是国家为规范外汇市场、维护金融稳定而制定的法律框架。这部法律涵盖了外汇的持有、使用、交易、结算等方面的规定，旨在确保外汇市场的有序运行和经济的健康发展。外汇管理法的核心内容包括对外汇收支的报告要求、外汇账户管理、外汇交易的合规性要求、跨境资金流动的限制和监管，以及对外汇市场参与者的法律责任等。

外汇管理法的立法过程通常涉及多个政府部门和利益相关方的参与。立法过程中，需要考虑国际惯例和国内实际情况的平衡。国际上，各国普遍重视外汇管理法律的制定，以防止洗钱、恐怖融资和非法资金转移等金融犯罪。此外，国际货币基金组织（IMF）和世界银行等国际组织也为外汇管理法律的制定提供了指导和建议，以促进全球经济的稳定和金融市场的透明度。在制定外汇管理法时，立法者须考虑多种因素，包括国际经济环境、国内经济结构、金融市场的成熟度以及外汇储备的充足性。法律的具体内容应当明确外汇交易的合规性标准，规定外汇收支报告制度，设立对违规行为的处罚机制。同时法律还应为外汇管理当局提供必要的执法权限，确保法律的有效执行。如外汇管理当局应有权对外汇市场参与者进行检查、审计和调查，对违反外汇管理规定的行为进行查处。外汇管理法的实施离不开相关配套法规和制度的支持。这些法规包括外汇账户管理办法、外汇交易指引、跨境资本流动管理规定等，旨在具体化外汇管理法的原则和要求。此外，外汇管理法的实施还需要信息技术系统的支持，以实现对外汇交易和资金流动的实时监控和管理。现代化的信息系统能够帮助监管机构快速识别异常交易，采取及时的监管措施，防范金融风险。

外汇管理法的制定和实施对国家经济安全和金融稳定具有重要意义。随着全球化的发展和国际资本流动的增加，外汇管理法在防控金融风险、维护经济主权方面的作用愈发突出。然而，外汇管理法的实施也须适应全球经济环境的变化，及时进行调整和更新，以应对新的挑战和风险。因此，国家应加强立法的科学性和前瞻性，确保外汇管理法在促进经济发展、保障金融安全方面发挥应有的作用。

三、外汇管理法的主要内容

外汇管理法是一个国家对外汇的管理和监督的法律框架，旨在维护国家的经济金融安全和外汇市场的稳定。中国的外汇管理法主要由《中华人民共和国外汇管理条例》及其相关法规组成，涵盖了外汇管理机关的职责、外汇管理的对象、经常项目和资本项目的外汇管理、金融机构外汇业务管理以及人民币汇率和外汇市场的管理。现详细探讨外汇管理法的主要内容及其在经济中的重要作用。

（一）外汇管理机关和外汇管理的对象

外汇管理机关是负责执行外汇管理法的政府部门，在中国主要是国家外汇管理局及其分支机构，这些机关的主要职责包括制定外汇政策、监督和管理外汇市场、监控国际收支状况等。一是外汇管理机关的设立和职能。国家外汇管理局是中国的中央外汇管理机关，负责全国外汇市场的管理和监督。其职能包括制定和实施外汇管理政策、制定外汇市场的相关法规和规章、审批和管理外汇账户等。各地分支机构协助执行中央机关的政策和规定，确保政策的落实和执行。二是外汇管理的对象。外汇管理法的管理对象包括外汇的买卖、支付、转移、持有等行为。这些行为涉及个人、企业、金融机构等多个主体。外汇管理法的目的是通过对这些行为的规范，防止外汇市场的异常波动，维护国家的外汇储备安全。三是外汇账户管理。外汇管理法规定，个人和企业必须按照规定在银行开立外汇账户，并对账户中的外汇资金进行规范管理。外汇账户的开立、使用和管理必须符合外汇管理局的规定和要求。外汇账户的资金流动受外汇管理局的监督，以防止非法交易和资本外逃。四是外汇资金的使用和转移。外汇管理法对外汇资金的使用和转移作出明确规定，包括境内外汇资金的购汇、结汇、转账等。企业在进行国际贸易和投资时，必须按照规定使用外汇资金，并在外汇管理局备案。外汇资金的转移必须合法合规，防止非法资金流动和洗钱行为。

（二）经常项目外汇管理

经常项目外汇管理是指对经常项目下的国际收支活动进行的外汇管理，包括进出口贸易、服务贸易、国际收入与支付等，经常项目外汇管理的主要目的是确保国际收支的平衡，促进国际贸易的正常发展。

一是进出口贸易的外汇管理。外汇管理法对进出口贸易中的外汇收支进行了详细规定。进出口企业必须通过银行结汇或购汇的方式进行外汇结算，并在外汇管理局备案。外汇管理机关对企业的进出口外汇收支进行监控，以确保外汇的合法流动。

二是服务贸易的外汇管理。服务贸易包括运输、旅游、保险等服务行业的外汇收支。外汇管理法规定，服务贸易的外汇收支必须通过银行结算，并按规定进行申报和登记。服务贸易的外汇收支同样受外汇管理机关的监督和管理，防止非法资金流动。

三是个人外汇收支的管理。个人的外汇收支包括工资、利息、赠与等。外汇管理法对个人外汇收支的管理主要是通过银行进行，个人须按照规定开立外汇账户，并通过合法途径进行外汇交易。个人外汇收支的合理性和合法性由外汇管理机关进行监督。

四是国际收入与支付的统计和管理。外汇管理法要求对国际收入与支付进行统计和报告，以掌握国家的国际收支状况。各类国际收支活动的参与者，包括企业和个人，须按规定向外汇管理局报送相关数据。外汇管理机关对这些数据进行分析和监控，及时发现并处理国际收支中的异常情况。

五是经常项目下的外汇管理宽松化趋势。随着国际经济一体化的加深，经常项目外汇管理趋向放松，以促进贸易自由化和便利化。外汇管理机关在保障外汇市场稳定和安全的前提下，逐步放宽经常项目下的外汇管制，简化审批手续，提升企业和个人的便利性。

（三）资本项目外汇管理

资本项目外汇管理是指对资本项目下的国际收支活动进行的外汇管理，包括对外直接投资、外商直接投资、跨境借贷和证券投资等，资本项目外汇管理的主要目标是控制短期资本流动风险，保持国际收支平衡和金融稳定。

一是对外直接投资的外汇管理。外汇管理法对企业进行对外直接投资的外汇使用做出规定。企业在进行对外直接投资前，须向外汇管理局申请批准，并提交详细的投资计划和资金来源说明。投资完成后，企业须定期报告投资的运营情况和外汇收支情况。

二是外商直接投资的外汇管理。外商直接投资包括外国企业在中国设立独资企业、合资企业等形式的投资。外汇管理法要求外商投资企业在中国银行系统内开立外汇账户，并通过这些账户进行合法的外汇交易。外汇管理机关对外商投资企业的外汇收支进行监管，确保其资金来源合法合规。

三是跨境借贷的外汇管理。跨境借贷包括国内企业从国外借款或贷款给国外企业。外汇管理法对跨境借贷的规模、用途和期限等方面做出限制，以防止过度负债和资本外逃。企业在进行跨境借贷前，须获得外汇管理局的批准，并提供详细的借贷合同和资金使用计划。

四是证券投资的外汇管理。证券投资包括外国投资者在中国证券市场的投资，以及中国投资者在海外证券市场的投资。外汇管理法对证券投资的资金流动进行严格监控，防止短期投机性资本流动对市场稳定造成冲击。外汇管理机关要求证券投资者进行合规登记，并定期报告投资情况。

（四）金融机构外汇业务管理

金融机构外汇业务管理是指对银行、保险公司、证券公司等金融机构在外汇业务中的行为进行规范和监督，金融机构是外汇市场的重要参与者，其外汇业务的合规性和稳健性对整个外汇市场的健康发展至关重要。

一是外汇业务的种类和范围，金融机构的外汇业务包括外汇存款、外汇贷款、外汇兑换、外汇结算、外汇衍生品交易等。外汇管理法要求金融机构在开展外汇业务时，必须遵守国家的外汇政策和法规，确保业务的合法合规。金融机构须获得相应的外汇业务牌照，并按规定进行业务报备和统计。

二是外汇风险管理，外汇管理法对金融机构的外汇风险管理提出了明确要求。金融机构在进行外汇交易时，须建立健全的风险管理体系，包括市场风险、信用风险和操作风险的管理。金融机构须定期评估外汇风险敞口，并采取措施降低风险，如利用外汇衍生工具进行对冲。

三是反洗钱和反恐怖融资，外汇管理法规定，金融机构在进行外汇业务时，必须严格遵守反洗钱和反恐怖融资的相关法律法规。金融机构须对客户进行尽职调查，建立客户身份识别机制，监控异常交易行为。对涉嫌洗钱或恐怖融资的资金，金融机构须及时向相关监管机构报告。四是合规审计和内部控制。金融机构须建立完善的合规审计和内部控制机制，确保外汇业务的透明度和合规性。外汇管理法要求金融机构定期进行内部审计，检查外汇业务的合规性和风险管理情况。监管机构则通过现场检查和非现场监管，监督金融机构的外汇业务行为。

（五）人民币汇率和外汇市场的管理

人民币汇率和外汇市场的管理是外汇管理法的重要内容，涉及人民币汇率形成机制、外汇市场的运作和监管等方面。这部分管理的核心目标是维护外汇市场的稳定，防止汇率过度波动，确保国家经济和金融安全。

一是人民币汇率形成机制。外汇管理法规定了人民币汇率的形成机制，当前采用的是以市场供求为基础的、有管理的浮动汇率制度。人民银行每天公布人民币对主要外币的中间价，市场参与者在此基础上进行交易。汇率形成机制的改革方向是进一步增强市场决定性，减少行政干预。

二是外汇市场的监管。外汇管理法对外汇市场的监管涵盖市场准入、交易行为、信息披露等方面。市场准入方面，外汇管理机关对参与外汇交易的机构和个人进行资格审查，确保其具备相应的资质和能力。交易行为方面，外汇管理法规定了外汇交易的合规性要求，禁止内幕交易、操纵市场等违法行为。信息披露方面，外汇市场参与者须按规定披露交易信息，确保市场透明度。

三是外汇市场的开放与发展。外汇管理法支持外汇市场的开放与发展，鼓励多元化市场参与者进入外汇市场。近年来，中国逐步放宽了外汇市场的准入限制，吸引外资银行、外资证券公司等机构参与人民币外汇交易。外汇市场的开放有助于提高市场深度和流动性，增强人民币汇率的弹性和稳定性。

四是外汇储备的管理。外汇管理法规定了国家外汇储备的管理和使用原则。外汇储备是国家的战略资源，用于维护国家经济安全和应对国际收支失衡。外汇管理机关负责外汇储备的运营和管理，确保储备的安全性、流动性和收益性。外汇储备的管理还涉及国际资产配置和风险管理，以实现外汇储备的保值增值。

外汇管理法通过对外汇管理机关、外汇业务、外汇市场及人民币汇率的全面规范和监管，为中国的对外经济活动提供法律保障。随着中国经济的不断发展和对外开放的深化，外汇管理法也在不断调整和完善，以适应新的国际经济环境和国内发展需求。通过科学合理的外汇管理政策，中国能够更好地维护经济金融安全，推动经济的高质量发展。

第六章　保险法律制度

第一节　保险和保险法概述

一、保险的概念

保险是一种风险管理工具，通过风险的转移和分散，为被保险人提供经济保障。具体而言，保险是由保险人（通常为保险公司）和投保人（个人或法人）之间签订的合同关系。在保险合同中，投保人支付一定的保险费，保险人则在保险事故发生时，按照合同约定向被保险人或受益人支付赔偿金或保险金。保险的核心功能在于分散风险，将个人或企业难以承受的风险通过保险的方式转移给保险公司，从而减轻潜在的经济损失。保险种类繁多，涵盖人身保险、财产保险、责任保险等多个领域。人身保险包括寿险、健康险等，主要保障人的生命和健康风险；财产保险涵盖房屋、车辆等财产的损失；责任保险则对因法律责任导致的损失进行赔偿。保险在现代经济中扮演着重要角色，不仅为个人和企业提供经济安全网，还通过投资保险资金促进经济发展，稳定社会秩序。保险制度的健全与完善，有助于提高全社会的风险抵御能力，保障国民经济的稳定运行。

二、保险的分类

保险是风险管理的重要工具，通过分散和转移风险，为个人和企业提供经济保障。保险产品种类繁多，按照不同的标准可以进行多种分类。这些分类有助于理解保险产品的特点和适用范围，也为投保人提供了更有针对性的选择。现探讨保险的主要分类，包括人身保险与财产保险、自愿保险和强制保险、原保险和再保险、单保险和复保险、补偿性保险和给付性保险、定值保险与不定值保险，以及足额保险、不足额保险和超额保险。

（一）人身保险与财产保险

保险可分为人身保险和财产保险。人身保险主要针对人的寿命和健康风险，如寿险、健康险和人身意外险等。这类保险通常提供经济补偿，以减轻因死亡、疾病或意外事故造成的经济损失。财产保险则保护有形财产的损失风险，包括住宅、车辆、商业财产等。财产保险的赔偿通常基于实际损失，如火灾、盗窃或自然灾害等引起的损坏或丢失。人身保险和财产保险分别应对人身和财产风险，为投保人提供全面的风险保障。

（二）自愿保险和强制保险

保险可以分为自愿保险和强制保险。自愿保险是指投保人根据自身需求和意愿购买的保险，如健康险、车险等。自愿保险的选择和覆盖范围由投保人自行决定。强制保险则是由法律规定必须购买的保险，如机动车第三者责任保险（交强险）和工伤保险。强制保险的目的通常是保护公共利益或特定群体的利益，确保基本的风险保障和赔偿责任。

（三）原保险和再保险

原保险和再保险是保险业务中的两个重要概念。原保险是指保险公司直接与投保人签订的保险合同。再保险则是指原保险公司为了分散和转移自身承保的风险，将部分风险转移给其他保险公司。再保险公司承担的是原保险公司所转移的风险，而非直接面对投保人。再保险通过风险分散，增强了保险公司的风险承受能力，保证了保险市场的稳定性。

（四）单保险和复保险

单保险和复保险是根据投保人是否在不同的保险公司重复投保而进行的分类。单保险是指投保人仅在一家公司投保。复保险是指投保人就同一保险标的在两家或更多家保险公司投保。复保险可以是分摊形式的（即每个保险公司按比例分摊赔偿金额）或超额形式的（即其中一家公司先承担赔偿责任，超出部分由其他公司支付）。复保险的主要目的是分散风险，增加保险保障的可靠性。

（五）补偿性保险和给付性保险

补偿性保险和给付性保险是根据保险赔偿方式不同进行的分类。补偿性保险是指保险公司对投保人实际发生的经济损失进行赔偿，如财产保险、责任保险等。赔偿金额以投保人的实际损失为限，不超过保险合同规定的保险金额。给付性保险是指保险公司在保险事故发生时，根据合同约定的金额支付保险金，而不考虑实际损失，如寿险、健康险中的定额给付。给付性保险的赔偿金额通常固定，不受实际损失影响。

（六）定值保险与不定值保险

定值保险和不定值保险是根据保险标的的价值确定方式进行的分类。定值保险是指在保险合同中预先确定保险标的的价值，保险公司在发生保险事故时按照该预定价值进行赔偿。定值保险适用于那些价值难以确定或波动较大的保险标的，如艺术品、古董等。不定值保险是指保险标的的价值在保险事故发生时才予以确定，赔偿金额基于保险标的的实际损失价值。这种方式适用于价值相对稳定且易于评估的保险标的，如汽车、普通住宅等。

（七）足额保险、不足额保险和超额保险

这是根据投保金额与保险标的实际价值的关系进行的分类。足额保险是指保险金额与保险标的的实际价值相等，确保投保人在发生保险事故时能够获得充分赔偿。不足额保险是指保险金额低于保险标的的实际价值，这种情况通常会导致在保险事故发生时，投保人无法获得全额赔偿。超额保险是指保险金额高于保险标的的实际价值，但保险公司通常不会支付超过实际损失的赔偿金。超额保险虽然增加了保费支出，但对赔偿金额没有实际意义。

保险的分类帮助投保人和保险公司更好地理解保险产品的性质和适用范围。通过不同的分类标准，保险可以细分为各种类型，以满足不同的风险管理需求。人身保险和财产保险、自愿保险和强制保险、原保险和再保险、单保险和复保险、补偿性保险和给付性保险、定值保险和不定值保险、足额保险、不足额保险和超额保险，这些分类不仅在保险实践中有重要应用，也在法律规范和风险管理中发挥着关键作用。了解这些分类，有助于更好地选择合适的保险产品，提升风险管理水平。

三、保险法的概念和立法体系

保险法是调整保险关系的法律规范总称，旨在规范保险市场主体的行为，保护投保人、被保险人和受益人的合法权益，促进保险业的健康发展。保险法的核心内容包括保险合同的订立与履行、保险赔偿与给付、保险经营和监管等。它通过规范保险合同的条款、明确各方的权利义务、设立保险监管机制，确保保险市场的公正性和透明度。中国的保险法立法体系由《中华人民共和国保险法》及其相关行政法规、部门规章、司法解释等组成，涵盖人身保险、财产保险、责任保险等多个领域。保险法的制定和实施有助于防范金融风险、维护社会稳定，是国家经济法律体系的重要组成部分。

四、保险法的基本原则

保险法的基本原则是指导保险合同订立、履行和争议解决的法律准则，这些原则保障了保险活动的公平性和公正性，维护了保险双方的合法权益。在保险法中，最大诚信原则、保险利益原则、损失补偿原则和近因原则是最重要的四大原则，它们构成了保险法律制度的核心基础。现详细探讨这些基本原则的内容和应用。

（一）最大诚信原则

最大诚信原则要求保险合同的双方——投保人和保险人，在订立保险合同的过程中应当以最大诚信相待，披露一切重要的事实和信息。这一原则是保险合同区别于其他合同的独特之处，旨在避免信息不对称导致的风险转移不公平。一是投保人的告知义务。投保人在投保时有义务如实告知保险人有关保险标的的所有重要信息，包括影响保险风险评估的事实。如果投保人故意隐瞒或虚报信息，保险人有权拒绝承担赔偿责任或解除合同。二是保险人的说明义务。保险人也必须在合同订立时，明确告知投保人保险条款的内容、责任免除条款以及影响投保人权益的重要信息。保险人的说明义务确保投保人了解合同的具体内容和自身的权益，从而做出明智的投保决策。三是最大诚信原则的法律后果。如果投保人违反最大诚信原则，隐瞒或虚假陈述重要信息，保险人可以拒绝赔付或解除合同。这种处罚机制有助于防止保险欺诈，维护保险市场的公正性和秩序性。

（二）保险利益原则

保险利益原则是指投保人或被保险人在保险标的上应具有法律上承认的利益，即投保人对保险标的的损失或损害将会直接或间接遭受经济损失。保险利益原则确保保险合同的合法性和正当性，防止赌博性质的投机行为。一是保险利益的存在性。投保人必须在保险合同成立时和保险事故发生时对保险标的具有保险利益。如果投保人在这两个时间点之一没有保险利益，保险合同则被视为无效。二是保险利益的证明。投保人有义务证明其对保险标的的利益存在。这种利益可以是所有权、使用权、监护权或法律承认的其他权益。保险利益的存在是保险合同有效的前提，也是损害赔偿的重要依据。三是保险利益的保护。保险利益原则保护投保人或被保险人免受损失，同时防止保险成为赌博或投机的工具。保险合同的赔付对象仅限于具有保险利益的一方，避免了无风险者从保险中获利的不公平现象。四是保险利益原则的扩展。随着保险产品的多样化，保险利益的形式也日益多样。现代保险法在传统的财产和人身保险外，还承认了诸如信用保险、责任保险等新兴领域的保险利益，扩大了保险保障的范围。

（三）损失补偿原则

损失补偿原则是指保险人对保险事故导致的实际损失进行赔偿，但赔偿金额不得超过被保险人所受的实际损失。此原则防止被保险人因保险事故而获利，确保保险的补偿功能，而非获利工具。一是实际损失的认定。实际损失是指保险事故发生后被保险人实际遭受的经济损失，包括直接损失和间接损失。保险人根据保险合同的约定和损失评估结果，确定赔偿金额。二是保险金额与实际损失的关系。损失补偿原则规定，保险赔偿金额不能超过被保险人实际遭受的损失，即不让保险金额高于实际损失。这一规定防止投保人通过保险获得超出损失的赔偿，确保保险的补偿性而非盈利性。三是共同保险和超额保险的处理。共同保险是指多个保险公司共同承保一个风险，而超额保险则是投保金额超过保险标的实际价值。无论在共同保险还是超额保险的情况下，损失补偿原则仍然适用，确保被保险人不因保险而获得超额补偿。四是损失补偿原则的例外。某些保险合同，如定值保险或给付性保险，不完全遵循损失补偿原则。如在人寿保险中，保险公司在被保险人去世时支付固定金额的保险金，这超出了实际的经济损失范围。

（四）近因原则

近因原则用于确定保险责任的范围，指保险事故是由最直接、最有效的原因所引起，而非一系列因素中的任意一个。该原则帮助明确保险事故与保险责任之间的因果关系。一是近因的定义，近因是指导致保险事故的最主要、最直接原因。近因原则要求对保险事故的原因进行分析，确定是否属于保险合同约定的保险责任范围。二是因果关系的判定，判定近因需要分析事故发生的全过程，排除间接因素的影响，找到导致事故的直接原因。保险人根据近因原则，决定是否承担赔偿责任。三是排除责任的处理。近因原则还涉及排除责任的判断。如果近因属于保险合同的责任免除条款规定的情况，如战争、核风险等，保险人可以拒绝赔偿。这一机制确保保险责任的公平合理划分。四是近因原则的应用范围。近因原则广泛适用于各类保险合同，特别是在复杂的事故原因分析中，如多因素导致的损害事件。近因原则帮助保险公司和投保人明确保险责任，避免争议。

保险法的基本原则，包括最大诚信原则、保险利益原则、损失补偿原则和近因原则，是保险合同订立和履行的法律基础。这些原则保障了保险交易的公平性，明确了双方的权利义务，有助于维护保险市场的健康发展。通过遵循这些基本原则，保险法能够有效规范保险活动，保护各方的合法权益，实现风险管理和社会经济稳定发展目标。

第二节　保险合同法

一、保险合同的概念和法律特征

保险合同是保险人与投保人之间就风险转移、补偿的法律协议。它是保险交易的核心文件，规定了双方的权利、义务和责任。保险合同法旨在规范保险合同的订立和履行，确保保险市场的公平性和透明度。理解保险合同的概念和法律特征，对于正确运用和执行保险合同法至关重要。

（一）保险合同的概念

保险合同是一种特殊的商业合同，它规定了保险人和投保人之间的保险关系。在这一关系中，投保人支付保险费，保险人承诺在保险事故发生时，按照合同约定提供赔偿或给付。一是合同主体，保险合同的主体包括保险人和投保人。保险人通常是保险公司，具有承保能力和资格；投保人可以是个人或法人，有支付保费和享受保险利益的权利。二是合同内容，保险合同的内容主要包括保险标的、保险责任、保险期限、保险金额和保费等要素。这些内容构成了保险合同的核心条款，是合同双方履行义务的基础。三是合同形式。保险合同通常以书面形式订立，并附有保险单作为法律凭证。书面合同有助于明确双方的权利义务，减少争议。同时电子保险合同也逐渐成为现代保险业中的重要形式，具有同等法律效力。四是合同的法律效力。保险合同一经成立，即具有法律效力，双方必须按照合同约定履行各自的义务。保险合同的效力受到法律保护，违约方须承担相应的法律责任。

（二）保险合同的法律特征

保险合同具有独特的法律特征，这些特征使其在合同法体系中占据特殊地位。理解这些特征有助于正确解读和执行保险合同的条款和规定。一是双务合同，保险合同是一种双务合同，即合同双方互负义务。投保人有支付保费的义务，而保险人有在保险事故发生时提供赔偿或给付的义务。双方的义务是相互关联的，投保人履行支付保费的义务是保险人承担赔偿责任的前提。二是附和合同，保险合同通常是由保险人事先拟定的标准合同，投保人在订立合同时没有太多的谈判空间。这种合同形式被称为“附和合同”，具有一定的强制性。为保护投保人利益，法律要求保险人对合同的关键条款和责任免除条款进行明确说明，确保投保人知悉和理解合同内容。三是射幸合同。保险合同是一种射幸合同，其成立和履行基于未来不确定事件的发生。这意味着，投保人支付保费的行为并不能确保一定会获得赔偿，只有在保险事故发生时，投保人才能获得保险赔偿或给付。射幸性是保险合同的核心特征之一，它体现了保险合同与一般商业合同的区别。

保险合同作为一种特殊的法律协议，其概念和法律特征对保险交易的合法性和公平性起着决定性作用。保险合同的双务性、附和性、射幸性和诚信性特征，使得它在法律和经济活动中具有独特的地位。通过深入理解这些特征，保险人和投保人可以更好地履行各自的义务，保障双方的合法权益，促进保险市场的健康发展。保险合同法在保护投保人权益、规范保险行为和促进市场公平方面发挥着关键作用，是保险法律制度的重要组成部分。

二、保险合同的主体

保险合同的主体是指在保险合同关系中具有法律权利和义务的各方。主体的明确划分对于保障合同履行、处理合同争议具有重要意义。保险合同的主体主要分为当事人和关系人。当事人是合同的主要参与者，直接签署并履行合同；关系人则是在合同中享有或承担某些权利和义务的其他人。现详细探讨保险合同的当事人和关系人。

（一）保险合同的当事人

保险合同的当事人是指直接签订和履行保险合同的双方，即保险人和投保人。这两者是保险合同的核心主体，决定了合同的成立、履行和终止。一是保险人，保险人是指依法设立、具有保险经营资格的保险公司。保险人承担根据合同提供保险保障的义务，即在保险事故发生时支付保险赔偿或给付保险金。二是投保人。投保人是指与保险人签订保险合同，支付保费的一方。投保人有权享受保险合同约定的保障，也有义务如实告知保险标的的相关信息，履行缴纳保费的责任。三是投保人和保险人的权利和义务。投保人和保险人在合同中享有的权利和义务是对等的，保险人有权收取保费，同时也有义务提供保险保障；投保人有权获得保险保障，同时也必须履行缴费和告知义务。四是保险合同当事人的法律责任。在合同履行中，如果任何一方未履行合同义务，将承担相应的法律责任。保险人需要支付违约金或赔偿损失，投保人则失去保险保障或被追究法律责任。

（二）保险合同的关系人

保险合同的关系人是指在保险合同中享有或承担某些权利和义务的其他人员或实体。关系人的存在使得保险合同的履行更加复杂和多样化。一是被保险人，被保险人是指其人身或财产受到保险保障的人或实体。在人身保险中，被保险人通常与投保人为同一人；在财产保险中，被保险人则是保险标的的实际拥有者或管理者。二是受益人，受益人是指在保险事故发生时，有权领取保险金的个人或实体。受益人通常由投保人指定，可以是被保险人本人或其他第三方。三是保险代理人。保险代理人是代表保险公司销售保险产品并提供相关服务的人员或机构。他们在保险合同的订立过程中起到桥梁作用，帮助投保人选择合适的保险产品，并提供专业咨询。四是共保人和再保险人。共保人是指与保险人共同承担保险责任的其他保险公司，再保险人则是承担部分保险风险的保险公司。共保和再保险有助于分散风险，提高保险市场的稳定性。

保险合同的主体包括当事人和关系人，这些主体在合同中扮演着不同的角色，履行各自的权利和义务。明确各方的身份和职责，对于合同的顺利执行和争议解决至关重要。保险人和投保人作为当事人，是合同的核心，而被保险人、受益人、保险代理人、共保人和再保险人等关系人，则丰富了保险合同的参与者构成。通过理解和遵循这些主体的法律地位和职责，保险合同可以更有效地发挥其风险管理和保障功能。

三、保险合同的主要条款和解释规则

保险合同作为一种法律文件，包含了一系列明确双方权利义务的条款。这些条款的设计和解释直接关系合同的履行和双方的权益保护。保险合同的主要条款规定了保险的核心内容，而合同条款的解释则有助于明确合同含义，防止争议和误解。现探讨保险合同的主要条款和解释规则。

（一）保险合同的主要条款

保险合同的主要条款包括保险双方在合同中的基本权利和义务。这些条款为合同的履行提供了法律依据，并确保合同的合法性和有效性。一是保险标的条款，该条款明确了保险合同所保障的对象，如人身、财产或责任。保险标的的详细描述有助于明确保险范围，防止争议。二是保险责任条款，保险责任条款规定了保险人应承担的赔偿责任范围，具体包括哪些事故或损失在保障范围内。该条款明确了保险公司的赔偿义务。三是保险金额和保费条款。保险金额是指保险人在保险事故发生时所需支付的最高赔偿金额，保费则是投保人为获取保险保障须支付的费用。保费的计算方式和支付期限通常在该条款中明确规定。四是除外责任条款。该条款列举了保险公司不承担赔偿责任的情况，如战争、核风险等。除外责任条款旨在限定保险责任的范围，避免保险公司承保超出能力范围的风险。

（二）保险合同条款的解释

保险合同条款的解释关系合同的具体履行和争议的解决。正确的条款解释可以防止误解和合同纠纷。一是按文字解释原则，保险合同条款应按照其字面意思进行解释，尊重合同文字的表面含义。文字解释是最基本的解释方法，确保合同各方对条款的理解一致。二是按合同目的解释原则，在合同条款存在歧义或不明确时，应按照合同的整体目的进行解释。此方法帮助识别合同条款的实际意义和双方的真实意图。三是有利于被保险人解释原则。保险合同通常由保险公司起草，当合同条款存在不明确或歧义时，应作出有利于被保险人的解释。这一原则保护投保人的合法权益，防止合同条款对投保人不公平。四是补充解释原则。当合同条款不全或遗漏时，依据法律法规、行业惯例或双方交易习惯进行补充解释。这种解释方法有助于填补合同条款的不足，确保合同的完整性和履行的可操作性。

保险合同的主要条款明确了保险双方的权利义务，是合同履行的核心内容。而合同条款的解释则在合同履行过程中起到重要指导作用，帮助明确条款含义和预防争议。通过明确的合同条款和合理的解释规则，保险合同能够更加公正、透明地执行，保障投保人和保险人的合法权益。这些条款和解释规则共同构成了保险合同的法律基础，促进了保险市场的稳定和健康发展。

四、保险合同的订立与生效

保险合同的订立和生效是保险法律制度中的关键环节，决定了合同双方的法律关系和义务的开始。订立保险合同是保险双方达成一致意愿的过程，而合同的生效则标志着保险责任的正式开始。现探讨保险合同的订立程序和生效条件，帮助读者理解合同成立的法律要件和实际意义。

（一）保险合同的订立程序

保险合同的订立程序涉及一系列法律步骤和程序，确保合同双方的意图明确和合法性。一是要约和承诺，保险合同的订立通常由投保人提出保险申请，作为要约，保险公司对申请进行审核，作出承诺。要约和承诺的过程是保险合同成立的基础，确保双方在同一合同内容上达成一致。二是合同签订，合同的正式签订标志着要约和承诺的完成，合同条款的确立。投保人和保险公司通过签订书面合同或电子合同，明确双方的权利和义务。签订合同时保险公司须提供合同文本，投保人应仔细阅读并理解合同内容。

（二）保险合同的生效

保险合同的生效是指合同具备法律效力，保险公司承担保险责任的开始。二是生效条件，保险合同的生效通常取决于合同双方的合意、合同内容的合法性以及必要的形式要求，一般情况下合同生效的时间是合同签订时或保费支付时，具体取决于合同的约定。二是生效日期的确定。合同生效日期可以是合同签订日、保费支付日或投保人与保险公司约定的其他日期。合同的生效标志着保险公司开始承担保险责任，投保人享有合同约定的保障权利。

保险合同的订立与生效是保险法律关系成立的关键环节。订立程序包括要约和承诺、合同签订等步骤，确保双方对合同内容的共识和法律约束力。生效条件和生效日期的明确规定，使得保险合同在法律上具备约束力，保障投保人和保险公司的权益。通过规范订立和生效程序，保险合同能够在法律框架内有效执行，为保险双方提供合法保障。

五、保险合同的履行

保险合同的履行是保险法律关系的重要环节，它涉及投保人和保险人双方按照合同条款的约定履行各自义务。履行的过程中，双方应秉持诚实守信的原则，确保合同的有效性和合法性。保险合同的履行不仅是法律责任的体现，也是保险合同发挥其保障功能的关键。现探讨投保人和保险人在合同履行中的主要义务和责任。

（一）投保人对保险合同义务的履行

投保人是保险合同的主动方，其履行合同义务的行为是保险合同得以顺利实施的前提。投保人的主要义务包括如实告知、缴纳保费、及时通知等，这些义务的履行直接关系合同的有效性和投保人的合法权益。一是如实告知义务。投保人在订立保险合同时必须如实告知保险人有关保险标的的重要信息，包括但不限于健康状况、财产状况、过往的事故历史等。这种信息对于保险人评估风险和决定是否承保具有关键意义。如实告知是投保人最基本的合同义务，违反这一义务导致保险合同无效或保险人拒赔。如在健康险中，投保人若隐瞒重大疾病史，保险公司有权在理赔时拒绝支付保险金。二是缴纳保费义务。保费是投保人获取保险保障的代价，投保人必须按照合同约定的金额和时间缴纳保费。这一义务的履行是保险合同生效和持续有效的基础。保费的缴纳通常有一次性缴纳和分期缴纳两种方式，不同的保险产品有不同的保费结构。如果投保人未按时缴纳保费，保险公司会中止或终止保险合同的效力。在某些情况下，保险合同中还规定宽限期，允许投保人在一定期限内补缴保费，以维持保险的连续性。

（二）保险人对保险合同的履行

保险人是保险合同的承保方，其履行合同义务的行为是合同保障功能的体现。保险人的主要义务包括承担保险责任、支付保险赔偿或给付保险金、告知合同条款及其变更等。一是承担保险责任的义务，保险人在合同生效后，承担保险事故发生时支付保险赔偿或给付保险金的责任。这一责任的范围由合同条款明确规定，通常包括承保的风险和责任限额。保险人在履行赔偿义务时，应根据实际损失和合同约定的保险金额进行合理赔付，确保投保人的合法权益得到保障。如在车险中，若车辆因事故损坏，保险公司须在责任限额内赔偿修理费用。二是告知义务，保险人在合同订立前后都有告知投保人的义务，在合同订立前，保险人必须向投保人明确解释合同条款，特别是责任免除条款和其他影响投保人权益的重要内容。在合同履行过程中，如果发生影响合同履行的情况或政策法规的变动，保险人也有责任及时通知投保人，以确保双方的权利和义务清晰明了，告知义务有助于减少信息不对称，避免因误解或隐瞒导致的合同纠纷。

保险合同的履行是实现保险保障功能的关键过程，投保人和保险人在合同履行中各自承担重要的义务和责任，投保人应如实告知相关信息并及时缴纳保费，保险人则须承担保险责任并提供清晰的信息告知。通过双方的诚信履约，保险合同不仅能有效管理和分散风险，也能维护合同各方的合法权益。保险合同的履行过程需要双方的积极参与和合作，这是保险法律关系得以正常运作的重要保障。

六、保险索赔和理赔

保险索赔和理赔是保险合同履行过程中的关键环节，直接关系被保险人的合法权益能否得到有效保障，索赔是被保险人或受益人向保险公司提出的赔偿请求，而理赔则是保险公司根据保险合同对索赔请求进行审核和支付赔偿的过程。这两个环节不仅是保险合同执行的核心部分，也是维护保险市场公信力和稳定性的关键因素。现详细探讨保险索赔和理赔的流程和法律要求。

（一）索赔

保险索赔是指在保险事故发生后，被保险人或受益人根据保险合同的约定，向保险公司提出的赔偿请求，这一过程需要被保险人提供详细的损失证明和相关资料，以支持其索赔要求。一是索赔申请的提出，被保险人在保险事故发生后，应尽快向保险公司提出索赔申请，申请通常包括填写索赔申请表、提供事故发生的详细说明以及损失证明材料，如医院病历、警察报告或财产损失评估报告等。这些资料是保险公司评估赔偿责任的重要依据，及时提出索赔申请有助于尽快启动理赔程序，减少被保险人的经济损失。二是索赔中的被保险人义务。在索赔过程中，被保险人有义务如实提供事故和损失的相关信息，配合保险公司的调查工作。被保险人应遵循诚信原则，不得虚报、夸大损失或提供虚假材料，否则导致保险公司拒赔或合同无效。此外，被保险人还须采取合理的措施，防止损失的进一步扩大，这一义务也称为“损失减轻义务”。

（二）理赔

理赔是保险公司对被保险人提出的索赔进行审核并决定是否支付赔偿的过程，理赔是保险合同得以执行的具体体现，直接影响被保险人的权益保障。一是理赔审核，保险公司在接到索赔申请后，将进行详细的审核，这包括核实事故的真实性、评估损失的实际情况以及确认事故是否在保险责任范围内，保险公司会派遣调查员进行实地考察或要求被保险人提供更多的证明材料。审核的目的在于确保索赔的合理性和合法性，防止保险欺诈。二是理赔支付，经过审核确认后，若索赔符合保险合同的赔偿条件，保险公司将按合同约定支付赔偿金或提供其他形式的补偿。赔偿金额的确定通常基于损失的实际金额和保险合同中的赔偿限额。理赔支付的及时性和准确性是保险公司服务质量的重要体现，也直接影响投保人的满意度和信任感。

保险索赔和理赔是保险合同履行过程中不可或缺的环节。通过索赔，被保险人能够及时获取应有的经济补偿，而通过理赔，保险公司履行其合同责任，维护市场信誉。索赔和理赔的规范操作不仅保护了被保险人的合法权益，也促进了保险市场的健康发展。投保人和保险公司都须遵循相关法律法规和合同约定，以确保保险索赔和理赔的公平、公正和高效。

七、保险合同的变更、转让和解除

保险合同的变更、转让和解除是保险合同法的重要内容，这些过程涉及对保险合同原有内容的调整、保险合同权利义务的转移以及合同法律关系的终止。了解和正确处理这些事务，对于维护合同各方的权益至关重要。现详细探讨保险合同的变更、转让和解除的相关法律规定和实际操作。

（一）保险合同的变更

保险合同的变更是指在合同有效期内，合同双方当事人就合同内容达成一致，修改原合同的部分条款或增加新条款。合同的变更必须遵循一定的法律程序，以确保其合法性和有效性。一是变更的原因，保险合同变更的原因包括投保人需求的变化、保险标的的变动、法律法规的修改等，投保人希望增加或减少保障范围，调整保险金额或保费，或修改受益人等条款，保险人则因法律要求或公司政策调整提出合同变更。二是变更的程序，保险合同的变更通常需要双方协商一致，并通过书面形式确认，保险公司一般要求投保人提交书面申请，详细说明变更内容和理由。保险公司在审核后，会出具变更批单或新的保险合同，作为变更的正式文件。所有变更应在投保人和保险人双方签字确认后生效。三是变更的法律效力，合同变更后，新的条款与原合同条款具有同等法律效力，变更部分应明确具体的变更内容和生效日期，若变更涉及保费的调整，新的保费缴纳条款应在合同中明确，未变更的部分继续有效，不受影响。

（二）保险合同的转让

保险合同的转让是指合同一方当事人将其在合同中的权利义务部分或全部转移给第三方，转让的主要目的是在不改变合同总体内容的情况下，实现权利义务的重新配置。一是转让的条件，保险合同的转让通常需要满足特定条件，包括保险人的同意和转让人、受让人之间的合意，部分保险合同条款中明确规定转让的条件和程序，如人寿保险合同中的受益人变更须投保人同意并通知保险公司。二是转让的程序，转让程序一般包括转让申请、保险人审核同意、合同转让书面确认等步骤。投保人或被保险人作为转让人，应当向保险公司提交转让申请，并提供受让人的身份信息和转让原因。保险公司在审核后，须出具转让批单或新的保险单证，标明转让的具体内容和生效时间。三是转让的法律效力，保险合同转让经保险人同意并确认后，受让人正式成为保险合同的当事人，享有和承担合同中规定的相应权利和义务，原合同在转让后的相关权利和义务由受让人承继，合同的法律关系继续有效。

（三）保险合同的解除

保险合同的解除是指合同当事人根据法律规定或合同约定，提前终止保险合同的法律关系，解除合同意味着双方不再受合同条款的约束，合同义务终止。一是解除的原因，保险合同的解除可以是双方协商一致的结果，也可以是因一方违约或法定原因而单方面解除，常见的解除原因包括投保人未按时缴纳保费、保险标的的根本性变化（如财产损毁）、法律规定或合同条款中的解除条件（如投保人隐瞒重要事实）。二是解除的程序，合同解除须经过法定程序或合同约定的程序，一般情况下解除方须向对方发出解除通知，说明解除的原因和解除日期，若为单方面解除，保险公司须进行调查确认，并在确认后发出解除通知，解除通知的生效标志着合同的正式终止。三是解除的法律后果，合同解除后，保险公司不再承担保险责任，投保人也不再需要缴纳保费，若解除时投保人已缴纳部分保费但保险责任尚未开始，保险公司应退还未使用的保费。合同解除不影响解除前已经发生的权利义务，解除前的保险事故仍需依合同约定进行处理。

保险合同的变更、转让和解除是合同管理的重要内容，直接影响合同的履行和各方的权利义务。变更、转让和解除都需要严格遵循法律规定和合同条款，确保操作的合法性和有效性。通过规范这些过程，可以有效防范合同争议，保护合同当事人的合法权益，促进保险市场的健康稳定发展。

八、再保险

再保险是指保险公司为了分散风险，将其承担的部分或全部保险责任转移给另一家保险公司的行为。再保险合同与直接保险合同在多个方面存在不同之处，包括合同当事人、保险标的、合同性质以及保险费和保险金的支付方式。现探讨这些方面的差异，以便更好地理解再保险的运作机制。

（一）合同当事人不同

再保险合同的当事人是原保险公司和再保险公司，而不是一般投保人和保险公司。再保险公司通过与原保险公司的合同，承接部分风险责任。一是原保险公司，原保险公司是再保险合同的发起方，负责向再保险公司转移部分风险，原保险公司仍保留与投保人的直接保险合同关系。二是再保险公司，再保险公司不直接面对最终投保人，而是通过承接原保险公司的风险，间接承担保险责任，再保险公司与原保险公司的关系是合同关系，而非直接的保险关系。

（二）保险标的不同

再保险的保险标的是原保险公司承保的所有或部分业务，而非具体的保险标的物或人，再保险合同通常涵盖原保险公司的一类业务或全部业务。二是业务分类再保险，再保险合同可以针对原保险公司的特定业务类型，如财产险或责任险进行再保险安排。二是整体风险再保险，原保险公司可以将其所有业务的整体风险进行再保险，以全面分散风险，稳定其经营状况。

（三）保险合同的性质不同

再保险合同具有独立性和补充性的性质，不直接影响原保险合同的履行，再保险是对原保险公司风险的再分散，而不是对最终投保人权益的直接保障。一是独立性。再保险合同独立于原保险合同，其履行不直接影响原保险合同的效力和履行。即使再保险公司未履行合同义务，原保险公司仍须履行其对投保人的赔偿责任。二是补充性。再保险的主要功能是分散风险和增加原保险公司的承保能力，而非直接承保风险。再保险公司的赔偿仅在原保险公司履行合同责任后进行补偿。

（四）保险费和保险金的支付不同

再保险中的保险费和保险金的支付方式与直接保险不同，涉及原保险公司与再保险公司之间的资金流动，一是保险费支付，原保险公司向再保险公司支付再保险费，这些费用是原保险公司通过直接保险业务收取的保费的一部分或全部。二是保险金支付，再保险公司根据合同约定，向原保险公司支付再保险赔偿金，用以补偿原保险公司因保险事故支付的赔款损失。

再保险作为保险市场的重要组成部分，通过分散风险、稳定保险公司的经营状况，为保险市场的健康运行提供保障。再保险合同在当事人、保险标的、合同性质以及费用和赔偿支付等方面与直接保险合同有所不同，这些差异帮助再保险实现其特殊的风险管理功能。理解这些差异对于从事保险业务的专业人员和研究者来说至关重要，有助于更好地运用再保险工具，优化风险管理策略。

九、人身保险合同

人身保险合同是保险合同的一种特殊形式，专门针对个人的生命、身体、健康等提供保障。与财产保险不同，人身保险的标的是人的生命和健康，因此，其合同内容、分类和规定具有特殊性。人身保险合同包括寿险、健康险和意外伤害险等多种形式。理解这些合同的概念、特点、分类以及特殊规定，对于消费者和保险从业人员至关重要。

（一）人身保险合同的概念和特点

人身保险合同是投保人和保险公司之间的协议，旨在保障被保险人在特定情况下（如死亡、疾病或意外伤害）获得经济赔偿或给付，这类合同具有独特的法律和经济特征。一是保障人的生命和健康，人身保险合同的标的是人的生命、健康和人身安全，而非物质财产，这使得人身保险在保障方面具有独特的社会和家庭功能，能够在被保险人发生重大人生风险事件时提供经济支持。二是长期性和储蓄性，许多人身保险产品，特别是寿险，具有长期性和储蓄性质，合同通常涵盖较长的时间跨度，有的甚至是终身保障，同时许多人身保险合同还具有储蓄或投资功能，投保人在缴纳保费的同时积累保险金，甚至可用于未来的养老金或其他用途。三是合同的个人性和不可转让性，人身保险合同的利益直接与被保险人个人相关，因此具有高度的个人性，一般来说除非合同条款明确允许，否则人身保险合同的受益权不可转让，此外，受益人通常由投保人指定，这增加了合同的定制化和个人化特点。

（二）人身保险合同的分类

人身保险合同根据保险保障的内容和功能可分为多个类型，主要包括寿险、健康险和意外伤害险，每种类型的合同针对不同的风险，具有特定的条款和保障范围。一是寿险，寿险合同保障被保险人的生命安全，通常在被保险人死亡时支付保险金，寿险分为定期寿险、终身寿险和两全保险等类型。定期寿险提供特定期限内的保障，适合短期风险管理；终身寿险则提供终身保障，并具备储蓄功能；两全保险结合了定期寿险和储蓄功能，在合同期满时支付生存保险金。二是健康险，健康险合同主要保障被保险人的健康，通常在被保险人因疾病或伤害导致的医疗费用、收入损失等方面提供经济支持，健康险包括住院医疗保险、重大疾病保险和收入保障保险等，住院医疗保险覆盖住院费用，重大疾病保险针对特定严重疾病提供保险金，而收入保障保险则在被保险人因病失去工作能力时提供收入补偿。三是意外伤害险，意外伤害险合同保障被保险人因意外事故导致的伤害或死亡。意外伤害险的保障范围通常包括意外死亡、残疾和医疗费用。此类保险适用于覆盖日常生活中的意外风险，保障被保险人和其家庭在突发事件中的经济安全。

（三）人身保险合同的特殊规定

人身保险合同在保障内容和法律保护方面有许多特殊规定，这些规定旨在保护被保险人和受益人的合法权益，一是不可抗辩条款，人身保险合同中通常包含不可抗辩条款，即在合同生效一段时间后（通常为两年），保险公司不能因为投保人在投保时未如实告知健康状况等问题而解除合同或拒绝理赔，这一条款保护了被保险人的长期权益，防止保险公司在合同生效后随意解除合同。二是宽限期和不可解除条款，人身保险合同一般设有宽限期，即投保人在未按时缴纳保费时有一定时间补缴而不导致合同失效。此外，保险公司在合同有效期间不得单方面解除合同，除非投保人严重违反合同条款，如未如实告知重大疾病等，这些条款增加了合同的稳定性和对投保人的保障。三是现金价值和退保条款，许多寿险合同具有现金价值，即合同经过一定期限后，投保人可以选择退保并领取一定金额的现金。这一规定使得寿险合同不仅具有保障功能，还具备一定的投资和储蓄功能，退保条款规定了退保的条件和程序，确保投保人在需要时可以合法退出合同并获取部分资金。

人身保险合同在保险法中具有重要地位，其保障内容、合同条款和法律保护措施旨在为投保人和被保险人提供全面经济支持和保障。通过详细了解人身保险合同的概念、分类和特殊规定，投保人可以更好地选择适合自己的保险产品，保险公司也能更好地为客户提供服务。这些合同条款和规定共同构成了人身保险法的重要组成部分，有助于促进保险市场的规范和健康发展。

十、财产保险合同

财产保险合同是一种保障物质财产安全的保险合同，通过分散风险，减少因各种事故引起的财产损失。与人身保险合同不同，财产保险的标的是有形资产，如房地产、车辆、机器设备等。财产保险合同在经济活动中扮演着重要角色，为企业和个人提供重要的经济保障和风险管理工具。现探讨财产保险合同的概念和特点、分类以及特殊规定。

（一）财产保险合同的概念和特点

财产保险合同是保险人与投保人之间签订的法律协议，旨在保障投保人的有形资产免受各种风险的侵害，财产保险的基本特点包括风险保障的物质性、合同的短期性和赔偿原则的适用性。一是风险保障的物质性，财产保险的标的是有形的物质财产，如建筑物、车辆、机器设备、库存货物等，保险合同约定在一定条件下，保险公司为这些财产的损失提供经济补偿，财产保险合同通常规定详细的保障范围，包括火灾、盗窃、自然灾害等常见风险。二是合同的短期性，与人身保险合同相比，财产保险合同一般为短期合同，通常为一年或更短时间，合同期满后，投保人和保险公司可以根据实际情况选择续保或终止合同。短期性使得财产保险合同能够根据市场环境、风险状况和保险标的的变化及时调整保险条件和费率。三是赔偿原则的适用性，财产保险合同的赔偿以补偿实际损失为基础，即保险公司根据保险标的的实际损失情况进行赔付，赔偿金额不得超过保险标的的实际价值和合同约定的保险金额，这一原则确保保险的补偿功能，而非获利工具。

（二）财产保险合同的分类

财产保险合同根据保障范围和标的的不同可以分为多种类型，主要包括火灾保险、海上保险和工程保险等，每种类型的保险合同针对不同的风险和财产类型，提供特定的保障。一是火灾保险，火灾保险是最常见的财产保险形式之一，保障建筑物及其内部财产因火灾引起的损失，火灾保险合同通常包括火灾、爆炸、电气故障等引起的损害，但也不排除因故意纵火或自然灾害等引起的损失，火灾保险的重要性，在于为投保人提供在火灾等突发事件中的经济补偿，帮助其快速恢复。二是海上保险，海上保险专门保障在海上运输中的货物、船舶和相关设备的风险，它包括海运货物保险和船舶保险两大类，海运货物保险主要保障在运输过程中的货物损失或损坏，而船舶保险则涵盖船舶本身的损失以及因航运活动引起的责任。海上保险合同具有国际性和复杂性特点，需要详细约定保障范围、风险分担和赔偿条款。三是工程保险，工程保险用于保障在建设或工程施工过程中发生的财产损失和责任风险，包括建筑工程保险和安装工程保险等类型。建筑工程保险通常涵盖建筑物在施工过程中因自然灾害、意外事故等造成的损失，而安装工程保险则主要保障机器设备在安装、调试过程中的损坏风险。工程保险对于大型项目的投资者和承包商来说至关重要，提供了风险管理和财务保障。

（三）财产保险合同的特殊规定

财产保险合同中有一些特殊规定，这些规定旨在规范合同履行过程中的具体操作，保护投保人和保险公司的合法权益。一是保险价值和保险金额。财产保险合同中需要明确保险标的的保险价值，即该财产在市场中的实际价值。这一价值是确定保险金额的重要依据。保险金额是保险公司在发生保险事故时承担的最高赔偿金额。合同中应详细约定保险金额的确定方法，防止过度保险或不足保险情况的出现。过度保险导致保险公司承担不必要的风险，而不足保险则使投保人在事故后无法获得充分赔偿。二是责任免除条款。责任免除条款是指在特定情况下，保险公司不承担赔偿责任的规定。常见的责任免除条款包括因投保人故意行为引起的损失、战争或核风险等。这些条款需要在合同中明确列出，并向投保人充分解释其含义和后果。责任免除条款的存在有助于防范道德风险和限制保险公司的责任范围。三是损失评估和理赔程序。财产保险合同对损失的评估和理赔程序有详细规定。发生保险事故后，投保人应及时通知保险公司，提供损失的详细报告和证明材料。保险公司将对损失进行调查和评估，确定赔偿金额。合同中通常约定了理赔时效、赔偿方式等具体内容，确保理赔过程的公开、公正和高效。

财产保险合同通过提供对物质财产的风险保障，帮助投保人在发生财产损失时迅速恢复经济能力。理解财产保险合同的概念和特点、分类以及特殊规定，有助于保险从业人员和投保人正确选择和使用保险产品，保障自身利益。财产保险合同在法律和经济层面上都具有重要意义，是现代经济活动中不可或缺的风险管理工具。通过规范这些合同条款和程序，可以有效提升保险市场的稳定性和透明度，促进社会经济的健康发展。

第三节　保险业法

一、保险组织

保险组织是指从事保险业务的法人实体，主要包括保险公司、保险经纪公司和保险代理公司。在我国，保险公司的组织形式和设立、变更、解散与破产等方面都有严格的法律规定，这些规定旨在规范保险市场秩序，保护投保人和被保险人的合法权益。将探讨我国保险公司的组织形式和设立，以及保险公司的变更、解散和破产的法律规定。

（一）我国保险公司的组织形式和设立

我国的保险公司主要有股份有限公司和国有独资公司的形式。保险公司的设立须经过严格的审批程序，并符合相应的法律要求。一是组织形式，我国保险公司通常设立为股份有限公司或国有独资公司。股份有限公司是最常见的形式，其股东对公司的债务承担有限责任。国有独资公司则由国家全资持有，在市场化的同时保留了较强的国家控制力。这两种形式在组织结构和治理机制上有所不同，但都须遵循公司法和保险法的相关规定。二是设立条件，设立保险公司需要满足一定的法定条件，包括注册资本、股东资质、管理团队的专业能力等。注册资本是衡量公司偿付能力的重要指标，不同类型的保险公司在注册资本要求上有所不同。股东须具备良好的财务状况和信用记录，管理团队则须具备从事保险业务的专业知识和管理经验。三是审批程序。设立保险公司需经中国银行保险监督管理委员会（银保监会）的批准。申请人须提交包括公司章程、业务计划、风险管理制度等在内的详细文件。审批过程中，银保监会将对公司的财务能力、风险控制水平、市场准入资质等进行全面评估，确保新设立的公司能够稳健经营。

（二）保险公司的变更、解散和破产

保险公司的变更、解散和破产涉及公司的重大事项，这些过程需要严格遵守法律程序，以保障保险市场的稳定和投保人的权益。一是公司变更，保险公司的变更包括名称、注册地址、注册资本、经营范围等的变化。变更须经过股东会决议并报银保监会批准。在变更过程中，保险公司须依法履行通知义务，告知相关利益方如投保人、被保险人和监管机构，确保变更过程透明、公正。二是公司解散，保险公司可以因业务合并、分立、自愿清算等原因解散。解散须经股东会或董事会决议，并报银保监会批准。公司解散前须对现有的保险合同进行妥善处理，包括转移或终止合同，确保投保人的保险权益不受损害。解散后，公司进入清算程序，清算委员会负责处理公司的债权债务、资产分配等事项。三是公司破产。保险公司因资不抵债而无法继续经营时，进入破产程序。破产须经法院裁定，并由法院指定的破产管理人接管公司的财产和业务。破产管理人须按照法律规定，优先支付清算费用、员工工资、社会保险费用等，之后再按照债权顺序进行清偿。破产程序中，投保人和被保险人的权益受到法律特别保护，保险合同的履行和赔偿责任需要优先考虑。

我国保险公司在组织形式、设立、变更、解散和破产方面有着严格的法律规定，这些规定为保险市场的健康发展提供法律保障。通过规范保险公司的设立条件和审批程序，可以确保新设公司的经营能力和风险管理水平。对公司的变更、解散和破产的严格监管，有助于维护市场稳定，保护投保人和被保险人的合法权益。这些制度设计和法律要求共同促进了保险市场的公平、公正和透明发展。

二、保险经营规则

保险经营规则是保障保险公司稳健运营、保护投保人和被保险人权益的重要法律基础。这些规则包括对保险公司业务范围、偿付能力、经营风险管理和市场行为监管的全面规定，确保保险市场的公正性和透明性。现详细探讨这些经营规则及其对保险业的影响。

（一）保险公司业务范围

保险公司业务范围的规定旨在规范其业务活动，防止过度扩展或偏离主营业

务。明确业务范围有助于保险公司专注于核心业务，提高专业水平和服务质量。一是保险业务分类，保险业务通常分为人身保险和财产保险两大类。人身保险包括寿险、健康险和意外伤害险等，保障个人生命和健康。财产保险包括火灾险、车险、责任险等，保障物质财产的安全。保险公司根据业务范围的不同须获得相应的经营许可证。二是业务许可和限制，保险公司须经监管机构批准方可从事特定保险业务，某些高风险业务如巨灾保险、跨境再保险等，须获得特别许可，此外，保险公司不得兼营人身保险和财产保险，以防止交叉风险，确保公司财务和业务的独立性。三是新业务开发的规定，保险公司在开发新产品时须进行充分的市场调研和风险评估，并获得监管机构的批准，新业务开发应符合国家政策和市场需求，避免引发系统性风险。监管机构对新产品的审核包括对定价合理性、条款公平性以及风险控制措施的评估。四是业务转型和调整。保险公司在市场环境或政策变化时须调整业务方向或范围。这些调整须遵循相关法律规定，并向监管机构备案或申请批准。业务转型的过程中，公司须保持与投保人的良好沟通，确保客户权益不受损害。

（二）保险公司偿付能力

保险公司偿付能力是指其在履行保险合同责任时，按时足额支付赔偿金或保险金的能力，偿付能力的充足性是保险公司稳健经营的基础，也是投保人利益的重要保障。一是偿付能力监管指标，偿付能力通常通过偿付能力充足率、流动性比率等指标来衡量，偿付能力充足率是指保险公司的可用资本与最低资本要求的比率，监管机构设定最低偿付能力要求，确保保险公司具备足够的资本应对风险。二是资本要求，监管机构对保险公司提出了最低资本要求，以确保其有足够的资本金抵御经营风险，资本要求包括基本资本和附加资本，后者根据公司风险特征和市场环境动态调整，保险公司须定期向监管机构报告资本情况，确保合规。三是风险评估和管理。保险公司须建立完善的风险评估和管理机制，对潜在的市场风险、信用风险、流动性风险等进行监控和管理。公司须制订应急计划和风险应对措施，确保在突发事件或市场波动时保持偿付能力。四是偿付能力报告和信息披露。保险公司须定期向监管机构提交偿付能力报告，披露财务状况、资本结构和风险管理情况，信息披露要求有助于提高市场透明度，增强投保人和投资者的信心。

（三）保险公司经营风险管理

风险管理是保险公司日常经营中的核心工作，涉及识别、评估、控制和监控各类风险，有效的风险管理有助于防范潜在损失，保持公司稳定运行。一是风险管理体系，保险公司须建立健全的风险管理体系，包括风险治理架构、风险偏好和风险管理策略，董事会和高管层对风险管理承担最终责任，设立专门的风险管理部门或委员会，负责风险控制和监督。二是风险识别和评估，公司须定期识别和评估各类风险，包括承保风险、市场风险、信用风险和操作风险等。风险评估须考虑内外部环境变化，使用量化和定性分析工具，全面了解风险敞口和潜在影响。三是风险控制措施。公司须制定和实施有效的风险控制措施，如设置承保限额、分散投资、控制债务水平等。风险控制措施应符合公司的风险偏好和资本水平，确保在风险事件发生时具备足够的应对能力。四是风险监控和报告。公司须持续监控风险状况，评估控制措施的有效性，并定期向管理层和董事会报告。监管机构对保险公司的风险管理体系进行检查，确保其符合监管要求和市场良好实践。

（四）保险公司市场行为监管

市场行为监管旨在规范保险公司的市场行为，保护消费者权益，维护市场公平竞争。监管措施包括销售行为规范、信息披露要求、投诉处理机制等。一是销售行为规范。保险公司和其销售人员在销售过程中须遵循诚实信用原则，不得进行虚假宣传或误导消费者。公司须确保销售人员具备必要的资质和培训，规范销售流程和行为，保障消费者的知情权和选择权。二是信息披露要求。保险公司须向投保人提供全面、准确的信息，包括保险产品条款、费用结构、保障范围和责任免除等。信息披露有助于消费者做出明智决策，防止因信息不对称导致的纠纷。三是投诉处理机制。公司须建立便捷的投诉处理机制，及时有效地处理消费者的投诉和纠纷。投诉处理过程须透明、公正，并有专门部门或人员负责跟进和解决问题。监管机构对投诉处理的结果进行监督，确保公司履行其责任。四是市场竞争和反垄断措施。为维护市场公平竞争，监管机构对保险公司的市场行为进行监督，防止垄断行为和不正当竞争。措施包括禁止价格操纵、限制兼并收购行为、监控市场份额等。市场行为监管有助于营造良好的市场环境，促进保险行业健康发展。

保险经营规则通过规范保险公司的业务范围、偿付能力、风险管理和市场行为，为保险市场的稳定和可持续发展提供法律保障。这些规则不仅有助于提高保险公司的经营效率和服务质量，还保护了投保人和社会公众的合法权益。严格的监管和合规要求促使保险公司不断完善内部治理结构，提升风险管理水平，推动保险业向更加规范和健康的方向发展。

三、保险中介人制度

保险中介人制度是现代保险市场的重要组成部分，涉及保险代理人、保险经纪人和保险公估人等中介机构。这些中介人在保险产品的推广、销售、理赔等环节中发挥着重要作用。保险中介人制度通过法律和监管措施，规范中介人的行为，确保其专业性和诚信度，以保护投保人和被保险人的合法权益。现探讨保险中介人的概念、从业资格和经营规则。

（一）保险中介人的概念

保险中介人是指在保险市场中，为投保人和保险人之间提供中介服务的专业人员或机构。他们在保险产品的销售、咨询、风险评估和理赔等过程中，扮演着桥梁和顾问的角色。一是保险代理人。保险代理人是代表保险公司销售保险产品的中介人。代理人受保险公司委托，以公司的名义进行保险业务的宣传、推广、咨询和签单等活动。他们帮助投保人了解保险产品，填写投保单，并协助办理保单生效和理赔等手续。二是保险经纪人。保险经纪人是代表投保人或被保险人利益的中介人，他们为客户提供保险产品的咨询和选择建议。经纪人不受特定保险公司的限制，能够为客户从市场上推荐最合适的保险产品。经纪人通过收取佣金或服务费获取报酬，其职责是为客户争取最佳的保险条款和费率。三是保险公估人。保险公估人主要在理赔环节提供服务，他们受保险公司或投保人委托，对保险标的的损失进行评估和估价。公估人独立于保险合同双方，须具备专业的知识和技能，以确保损失评估的客观公正。公估人的意见在理赔过程中具有重要参考价值。

（二）保险中介人的从业资格

为了确保保险中介人的专业性和诚信度，法律对中介人的从业资格提出了严格要求。这些要求涵盖中介人的资质认证、从业经历和道德标准等方面。一是资质认证。保险中介人须通过国家或地方监管机构的资质认证。认证过程通常包括笔试、面试和业务能力考核，确保中介人具备必要的保险知识和法律常识。取得认证后，中介人才能合法开展业务。此外，中介人须定期参加继续教育和培训，以保持其专业水平和知识更新。二是从业经历和背景调查。对保险中介人从业经历的要求是确保其具备丰富的实践经验，能够提供高质量的服务。法律规定保险中介人须具备一定年限的相关工作经验，特别是在风险管理、客户服务和市场营销等领域。此外，监管机构还对中介人的背景进行调查，确保其无重大违法违纪记录。三是道德标准和行为规范。保险中介人须遵守严格的职业道德和行为规范，包括诚实守信、公平竞争和客户至上等原则。他们不得利用职务之便谋取不正当利益，不得虚假宣传或误导消费者。监管机构对违反行为规范的中介人采取严厉的惩罚措施，包括吊销执照、罚款和追究法律责任。

（三）保险中介人的经营规则

保险中介人的经营规则旨在规范其业务行为，维护市场秩序，保护投保人和被保险人的合法权益。这些规则涵盖业务范围、信息披露、收费标准等方面。一是业务范围。保险中介人的业务范围由其资质和许可证决定。代理人只能销售经授权的保险产品，经纪人可以为客户提供跨公司的产品选择，而公估人则专注于损失评估和理赔服务。中介人不得超越其业务范围进行非法经营，如代理人不得擅自向客户推荐未获得公司授权的保险产品。二是信息披露。保险中介人在业务过程中须向客户充分披露信息，包括保险产品的条款、费用结构、佣金收取等。信息披露应真实、准确和完整，帮助客户做出知情的决策。中介人不得隐瞒重要信息或进行虚假陈述，误导客户购买不适合的保险产品。三是收费标准。保险中介人的收费标准须透明合理，并事先告知客户。收费方式可以是佣金制、服务费或两者结合，但无论何种方式，都应符合监管机构的规定。中介人不得收取隐性费用或超出合理范围的报酬，确保收费的合法性和透明度。

保险中介人制度在现代保险市场中发挥着重要作用，通过提供专业的中介服务，帮助投保人和保险公司之间建立良好的保险关系。中介人的专业性和诚信度对保险市场的健康发展至关重要。通过严格的从业资格认证、行为规范和经营规则约束，可以有效保障保险中介人的服务质量和市场信誉。中介人制度的完善和规范，不仅提升了保险服务的专业水平，也增强了投保人的信任感，促进了保险市场的稳健发展。

第七章　劳动法律制度

第一节　劳动法概述

一、劳动法的适用范围

劳动法的适用范围涵盖了所有涉及劳动关系的领域，包括企事业单位、社会团体、个体经济组织以及与劳动者建立劳动关系的国家机关、社会组织等。它保护劳动者的合法权益，规范用人单位的用工行为，确保劳动关系的公平和稳定。无论劳动者的工作性质、岗位类别，还是用人单位的行业属性，劳动法都提供了基本的法律保障。此外，劳动法还涉及劳动力市场的管理和调控，覆盖劳动合同、工资、劳动条件、安全生产、职业健康等多个方面，旨在维护和促进社会经济的和谐发展。

二、劳动者的权利与义务

劳动者作为劳动关系的一方主体，其权利和义务在劳动法中得到了明确规定。这些权利和义务旨在维护劳动者的合法权益，确保劳动关系的公平性和稳定性。通过保障劳动者的基本权利和规定其相应的义务，劳动法为和谐劳动关系的建立提供了法律基础。现探讨劳动者在劳动关系中的主要权利和义务。

（一）劳动者的权利

劳动者的权利是劳动法保护的核心内容，涵盖了工作条件、工资福利、职业安全、发展机会等多个方面。这些权利确保劳动者在劳动过程中享有应有的尊严和公平待遇。一是获得报酬的权利。劳动者有权根据劳动合同和法律规定获得合理的劳动报酬，包括基本工资、加班费、奖金和津贴等。法律规定了最低工资标准，用人单位不得低于这一标准支付工资。工资支付应及时、足额，不得无故克扣或拖欠。报酬权是劳动者最基本的经济权利，直接关系劳动者及其家庭的生活水平和社会福利。二是休息休假的权利。劳动者有权享受合理的工作时间和休息时间，包括每日工作时长、每周休息日和法定节假日。法律规定了标准工时制度，通常为每周工作40小时。劳动者在法定节假日、婚丧假、产假、病假等特殊情况下，还享有带薪休假的权利。这些规定确保劳动者有足够的时间休息，保护其身心健康。三是享有安全卫生条件的权利。劳动者有权在符合国家安全卫生标准的工作环境中工作。用人单位须提供必要的劳动保护设施和措施，如安全设备、防护工具和健康检查。劳动者有权拒绝在危及生命安全和健康的环境中工作，并有权向相关部门举报安全隐患或职业病风险。保障工作安全和健康是劳动法的重要内容，旨在减少职业伤害和职业病的发生。四是职业技能培训和发展的权利。劳动者有权接受职业技能培训和继续教育，以提高其职业能力和市场竞争力。用人单位应根据生产和工作的实际需要，为劳动者提供必要的培训机会。劳动者还可通过自我学习和参加社会培训，提升自身技能水平。这一权利促进了劳动者的职业发展，也有助于提高劳动生产率和企业竞争力。五是集体协商和参与管理的权利。劳动者有权通过集体协商、工会组织等方式参与工作条件、工资福利等事项的讨论和决策。工会是劳动者维护自身权益的重要组织，负责代表劳动者与用人单位进行集体谈判、签订集体合同等。劳动者还可通过员工代表大会、职工代表大会等形式参与企业管理，表达意见和建议，保障自身利益。

（二）劳动者的义务

劳动者在享有权利的同时也应履行相应的义务。这些义务包括履行劳动合同、遵守劳动纪律、维护用人单位的利益等，是劳动关系顺利发展的重要保障。一是履行劳动合同的义务。劳动者应按照劳动合同的约定，完成规定的工作任务。这包括遵守工作时间、达到工作质量要求、完成生产任务等。履行合同义务是劳动者的基本职责，确保了用人单位的生产和经营活动的正常进行。劳动者未能履行合同义务，导致合同解除或其他法律后果。二是遵守劳动纪律的义务。劳动者在工作中应遵守用人单位的规章制度和工作纪律。这包括按时上下班、服从管理、遵守操作规程等。遵守劳动纪律是维持工作秩序和提高工作效率的必要条件。用人单位可以根据规章制度对违反纪律的行为进行管理和处理。三是保守商业秘密的义务。劳动者有义务保守用人单位的商业秘密，包括技术秘密、经营信息、客户资料等。劳动者在职期间或离职后，不得擅自披露或利用这些信息，否则面临法律责任。保守商业秘密的义务保护了用人单位的合法权益，防止不正当竞争。四是维护用人单位利益的义务。劳动者应在工作中尽职尽责，维护用人单位的合法利益。这包括合理使用单位的资源、爱护单位的财产、避免利益冲突等。劳动者的行为应有助于用人单位的发展和利益最大化，避免因个人行为损害单位利益。五是积极参加安全生产和劳动保护的义务。劳动者应遵守安全生产规程和劳动保护规定，积极参与安全培训和应急演练。劳动者有义务举报安全隐患和违法违规行为，配合用人单位做好安全生产工作。积极参与安全生产和劳动保护，有助于防止工作中的安全事故和职业病，保护劳动者的健康和生命安全。

劳动者的权利和义务是劳动关系的重要组成部分，反映了劳动法对劳动者权益的保护和对劳动关系的规范。通过明确劳动者的权利和义务，劳动法保障了劳动者在工作中的基本尊严和福利，促进了劳动关系的稳定和谐发展。同时劳动者履行义务也有助于维护用人单位的合法权益和社会经济秩序的稳定。劳动法的实施需要各方的共同努力，以实现劳动关系的公平、公正和可持续发展。

第二节　劳动合同

一、《劳动合同法》的适用范围

《劳动合同法》适用于中华人民共和国境内的所有企业、个体经济组织、民办非企业单位等用人单位，以及与之建立劳动关系的劳动者。该法规范了劳动合同的订立、履行、变更、解除和终止的全过程，旨在保护劳动者的合法权益，建立和维护和谐稳定的劳动关系。适用范围还包括外商投资企业、合资企业、外资企业等跨国企业的中方职工。此外，法律对特殊用工形式，如派遣工、临时工、季节工等，也作出了相应的规定。该法不适用于公务员、参照公务员法管理的事业单位和社会团体中的工作人员。

二、劳动合同的种类和形式

劳动合同是用人单位与劳动者之间确立劳动关系、明确双方权利和义务的协议。在《劳动合同法》的框架下，劳动合同主要分为固定期限劳动合同、无固定期限劳动合同和以完成一定工作任务为期限的劳动合同三种类型。固定期限劳动合同是指明确约定合同终止时间的合同，通常用于普通职工的聘用。无固定期限劳动合同则是指不约定终止时间的合同，多在连续签订两次固定期限合同后或劳动者连续工作满十年后使用。这种合同提供了较为稳定的就业保障。以完成一定工作任务为期限的合同则依据特定任务的完成情况终止，适用于项目型或临时性工作。劳动合同的形式要求为书面形式，确保合同内容的明确性和可追溯性。书面劳动合同应包含基本条款，如劳动合同期限、工作内容、工作时间和休息休假、劳动报酬、社会保险等。书面合同的签订不仅有助于防范法律风险，还保障劳动者和用人单位的合法权益。未签订书面合同的，劳动者可依法主张权益，维护劳动关系的稳定与和谐。

三、劳动合同的订立

劳动合同的订立是劳动关系正式确立的法律行为，涉及双方对权利义务的明确和保障。根据《劳动合同法》的规定，劳动合同应当在劳动关系建立时即行订立。订立劳动合同应遵循合法、公平、平等自愿、协商一致、诚实信用的原则，确保双方的合法权益得到尊重和保护。订立劳动合同的程序通常包括招聘、面试、试用期、合同签署等环节。在面试和招聘过程中，用人单位应如实告知工作岗位的职责、工作条件、劳动报酬等信息，而劳动者应如实提供个人信息和工作经历。劳动合同应采用书面形式，未在劳动关系建立后一个月内订立书面劳动合同的，用人单位须向劳动者支付双倍工资。劳动合同的内容通常包括劳动合同期限、工作内容和工作地点、工作时间和休息休假、劳动报酬、社会保险、劳动保护、劳动条件和职业危害防护等基本条款。对于涉及商业秘密或知识产权保护的岗位，合同中可另行约定保密条款和竞业限制条款。劳动合同一经订立，即具有法律效力，双方应按照合同的约定履行义务。在订立劳动合同的过程中，双方应保持诚实信用，不得隐瞒或虚构事实。如果劳动合同内容违反法律法规，劳动者有权向劳动争议仲裁机构或法院申请维权。总的来说，劳动合同的订立不仅是劳动关系合法化的标志，更是维护劳动市场秩序、保障劳动者和用人单位合法权益的重要法律措施。

四、劳动合同的效力

劳动合同的效力是指合同依法成立后所具有的法律约束力。一旦劳动合同依法订立，双方当事人必须按照合同约定履行各自的义务，违反合同的行为将承担相应法律责任。劳动合同的效力涵盖合同的全部内容，包括工作职责、报酬、工作条件、社会保险等方面。合同效力的实现以合法性为前提，若合同条款违反法律法规或损害劳动者合法权益，则该条款无效或被撤销。此外，劳动合同中关于劳动报酬和劳动条件等条款不得低于国家或地方的最低标准。若合同中的某些条款无效，并不影响其他条款的效力，除非这些条款与合同的整体目的紧密相关，导致合同失去效力。合同的效力还体现在对劳动关系稳定性的保障上，除法定情形或经双方协商一致外，用人单位不得随意解除合同。总之，劳动合同的效力确保了劳动关系的稳定性和法律的可预见性，保障了劳动者的基本权益和用人单位的合法权益。

五、劳动合同的变更、解除和终止

劳动合同的变更、解除和终止是劳动合同管理中的关键环节，这些环节涉及劳动关系的调整和终结。法律对这些行为的程序和条件有明确规定，以保障劳动者和用人单位的合法权益，维护劳动市场的稳定和公平。现详细探讨劳动合同的变更、解除和终止的法律框架和实践操作。

（一）劳动合同的变更

劳动合同的变更是指在劳动合同有效期内，双方当事人就合同内容达成一致，修改合同中的某些条款。变更可以是由于经营状况、劳动者个人情况等因素引起的。一是变更的原因和条件。劳动合同变更的原因多种多样，包括用人单位的经营状况变化、劳动者岗位调整、双方就合同内容重新协商等。法律规定，劳动合同的变更应在双方平等协商的基础上进行，不能单方面强制执行。变更必须符合法律法规的规定，不得违反公共政策或损害第三方利益。二是变更的程序和形式。劳动合同的变更须经过合法程序，通常包括提出变更申请、协商变更条款、签订变更协议等步骤。变更协议应采用书面形式，详细列明变更内容及其生效日期。变更后的合同条款与原合同条款具有同等法律效力，未变更部分仍然有效。书面形式的变更协议是确保双方权益的法律依据，有助于防止未来的纠纷。三是变更的法律效力和后果。劳动合同的变更一旦生效，双方应按照新的条款履行义务。变更涉及的薪酬、工作地点、岗位职责等应在新合同中明确列出。如果变更涉及劳动条件的重大变化，如工资减少或岗位降级，劳动者有权选择是否接受变更。若劳动者不同意变更，可与用人单位协商解除合同或要求原岗位、薪酬标准的保障。

（二）劳动合同的解除

劳动合同的解除是指在合同期满之前，劳动关系因某种原因提前终止。解除可以由用人单位或劳动者提出，也可以是双方协商一致的结果。一是解除的条件和程序。劳动合同的解除须具备法定条件，如劳动者严重违反劳动纪律、用人单位经营困难等。解除程序应符合法律规定，包括提前通知、支付经济补偿等。用人单位单方面解除合同，须提前30日书面通知劳动者或支付一个月工资作为代通知金。对于特殊情况，如严重违反规章制度，解除可即时生效。二是无过错解除的法律要求。无过错解除是指合同解除非因劳动者或用人单位的过错导致，如公司重组、生产经营变化等。法律规定用人单位须支付经济补偿金，标准为劳动者每在本单位工作一年支付一个月工资。对于连续工作满十年的劳动者，用人单位不得以无过错为由单方面解除合同。三是劳动者单方解除的权利。劳动者在特定情况下有权单方解除合同，如未支付工资、劳动条件恶劣等。法律保护劳动者单方解除的权利，规定无须提前通知且不承担赔偿责任。劳动者因健康原因或家庭原因需辞职时，可提前30日书面通知用人单位解除合同。

（三）劳动合同的终止

劳动合同的终止是指劳动合同因合同期限届满或其他法定事由而自然结束。终止不同于解除，不涉及任何一方的过错。一是合同期满终止。劳动合同期满是合同终止的最常见原因。双方可在合同期满前协商续签合同，若不续签，合同在期限届满时自动终止。用人单位应提前通知劳动者是否续签，对于不续签的，须依法支付经济补偿金。劳动者在合同期满时有权获得终止合同的相关补偿，如未休的年休假工资。二是劳动者退休、死亡或丧失劳动能力。劳动者达到法定退休年龄、死亡或丧失劳动能力也是劳动合同终止的原因。劳动者退休时，用人单位应按照国家和地方的规定办理退休手续，支付退休金或其他相关费用。劳动者因工伤或职业病丧失劳动能力的，用人单位须支付伤残赔偿金或工伤保险金。三是用人单位解散、破产或转让。用人单位因解散、破产或被兼并导致劳动合同无法继续履行的，合同依法终止。法律规定用人单位需提前通知劳动者，并支付经济补偿金或赔偿金。劳动者在合同终止时享有优先获得应得经济补偿的权利，特别是在破产清算中。

劳动合同的变更、解除和终止是劳动关系管理中的重要环节，法律对这些过程的条件和程序作了详细规定。通过规范变更、解除和终止的程序，可以有效保护劳动者和用人单位的合法权益，避免劳动争议的发生。劳动者和用人单位应当熟悉和遵守这些法律规定，在合同管理中公平、公正地处理相关事务，以维护劳动关系的和谐和稳定。

六、经济补偿金

经济补偿金是劳动法中保障劳动者权益的重要制度，主要用于在劳动合同终止或解除时给予劳动者一定的经济补偿。经济补偿金的适用和计算有严格的法律规定，旨在维护劳动者的经济权益，尤其在劳动者被动解除劳动关系时提供基本生活保障。现探讨经济补偿金的适用情形和计算方法。

（一）经济补偿金的适用

经济补偿金的适用范围包括劳动合同终止和解除的多种情况，具体适用情形由法律明文规定。一是合同期满未续签的补偿。劳动合同期满未续签是经济补偿金适用的常见情形之一。当劳动合同期限届满，且用人单位和劳动者双方未能达成续签协议时，用人单位须向劳动者支付经济补偿金。这种情况通常发生在固定期限劳动合同和完成一定工作任务的合同中。补偿的目的是缓解劳动者在合同终止后短期内面临的经济压力。二是无过错解除的补偿。劳动者在合同解除中无过错是另一个主要适用情形。当用人单位因自身经营困难、重组、生产经营状况变化等原因解除劳动合同，而非因劳动者过错时，法律规定必须支付经济补偿金。这种补偿机制旨在保障劳动者在非因自身原因失去工作的情况下，能够获得合理的经济支持。三是特殊情况下的解除。劳动者因法律规定的特殊原因解除劳动合同，也可以获得经济补偿金。这些特殊情况包括劳动条件恶劣、用人单位未及时支付工资、未依法缴纳社会保险、劳动者因病或非因工负伤丧失劳动能力等。在这些情况下，法律保护劳动者的合法权益，防止用人单位滥用解除合同的权利。

（二）经济补偿金的计算

经济补偿金的计算主要基于劳动者的工作年限和工资水平，计算标准和方法由法律规定，确保补偿的合理性和公平性。一是计算基准：工作年限。经济补偿金的计算通常以劳动者在用人单位的实际工作年限为基准。法律规定，每满一年支付一个月工资的补偿；不足一年的按实际月份计算，但最高不超过12个月。工作年限的认定应包括试用期和续签合同的连续工龄，但不包括劳动者因违法行为被终止合同的时间。二是工资基数：月工资标准。计算经济补偿金的月工资基数通常以劳动者正常工作时间的平均月工资为标准。平均月工资一般包括基本工资、奖金、津贴等所有工资性收入。对于工作时间不足一年的劳动者，月工资基数可根据实际工作时间内的平均工资水平计算。法律规定用人单位不得以扣减工资或未支付的工资作为计算基数，确保计算的公正性。三是特殊情况的计算标准。在某些情况下，经济补偿金的计算须考虑特殊标准。如对于无固定期限劳动合同的解除或终止，补偿金的计算基数会有所调整；对于因工伤或职业病导致的劳动合同解除，补偿金额包含额外的赔偿金。法律对这些特殊情况的计算方法有具体规定，旨在充分保护劳动者的合法权益。

经济补偿金制度是劳动法保障劳动者权益的重要手段，特别是在劳动合同解除或终止时为劳动者提供必要的经济支持。通过明确适用范围和计算方法，法律确保经济补偿金的合理性和公平性。劳动者和用人单位应熟悉相关法律规定，依法保障劳动者的经济权益。在实际操作中，准确计算和支付经济补偿金是维护劳动关系和谐稳定的重要环节，有助于减少劳动争议，促进社会和谐发展。

七、劳务派遣与非全日制用工

劳务派遣和非全日制用工是现代劳动市场中两种重要的用工形式，它们为企业提供了灵活的用工选择，也为劳动者提供了多样化的就业机会。尽管这些用工形式灵活，但它们在法律上有特定的规定和要求，以保障劳动者的基本权益。现探讨劳务派遣和非全日制用工的特点、法律规定及其在实际操作中的注意事项。

（一）劳务派遣

劳务派遣是指劳务派遣机构与劳动者订立劳动合同，然后将劳动者派遣到其他用工单位工作的用工形式。这种模式在许多行业中被广泛应用，特别是在制造业、服务业等领域。一是劳务派遣的基本特点。劳务派遣的核心特点是劳动关系的三方性，即劳务派遣机构、派遣员工和用工单位之间的关系。派遣员工与派遣机构签订劳动合同，由派遣机构支付工资和福利，并负责缴纳社会保险。用工单位则是员工实际工作的场所，负责员工的日常管理和工作安排。三方关系中的劳动权利和义务分工明确，派遣机构是法律上的用人单位，而用工单位负责具体的工作指示和工作环境。二是法律规定与限制。为了保护派遣员工的权益，法律对劳务派遣的使用作出严格规定。派遣员工的劳动合同应至少为两年，并且派遣期间的基本劳动权益应与直接用工单位的员工相同。法律规定了劳务派遣的适用范围，一般限于临时性、辅助性或替代性的岗位，防止滥用派遣形式替代正常劳动合同。此外，派遣单位和用工单位对派遣员工的工伤、职业病等责任负有连带责任。三是劳务派遣中的法律责任。派遣机构对派遣员工的劳动合同履行负有主要责任，包括支付工资、办理社会保险、提供劳动保护等。用工单位则负责提供符合标准的工作条件和劳动保护措施。如果派遣机构或用工单位未履行法定义务，员工有权通过劳动争议调解或诉讼途径维权。法律还要求派遣机构必须依法注册，取得合法的劳务派遣经营许可。

（二）非全日制用工

非全日制用工是指劳动者的工作时间和工资收入相对全日制用工较少的工作形式，通常以小时计薪。这种用工形式适用于对灵活性要求较高的岗位，如零售、餐饮等服务行业。一是非全日制用工的特点。非全日制用工的主要特点是劳动者的工作时间不固定，通常每日工作时间不超过4小时，每周工作时间不超过24小时。这种灵活的工作时间安排适合劳动者和用人单位之间的特殊需求，如学生兼职、临时补充劳动力等。非全日制劳动合同可采用书面或口头形式，但书面合同能够更好地保障双方的合法权益。二是工资支付和社会保障。非全日制劳动者的工资通常按小时计算，单位时间的工资标准不得低于当地最低工资标准。

非全日制用工的工资支付周期一般为每周或每两周，确保劳动者及时获得劳动报酬。关于社会保障，非全日制劳动者依法享有基本养老、医疗保险等社会保险权利。用人单位须按照规定为非全日制劳动者缴纳社会保险费。三是劳动合同的灵活性。非全日制劳动合同的灵活性体现在合同期限和解除程序上。非全日制用工合同不设试用期，双方可随时解除合同，无需提前通知。这种灵活性为劳动者提供了更大的自由度，同时也要求用人单位合理安排工作和人力资源配置。合同解除后，劳动者应当结清工资，用人单位应当依法支付相应的经济补偿。

劳务派遣和非全日制用工在现代劳动市场中发挥着重要作用，为企业和劳动者提供了多样化的用工选择和就业机会。然而，这些灵活用工形式也带来了劳动保障和权益保护的挑战。通过法律的规范和监管，能够在保证用工灵活性的同时维护劳动者的基本权益，促进劳动关系的和谐稳定发展。企业在利用这些用工形式时，应严格遵守相关法律法规，切实履行相应的劳动保障义务。

第三节　劳动争议

一、劳动争议的处理机构

劳动争议是指劳动者与用人单位之间因劳动合同的订立、履行、变更、解除或终止，以及其他涉及劳动权益的事项发生的争议。为解决这些争议，法律设立了多层次的处理机构，包括劳动争议调解组织、劳动人事争议仲裁委员会和人民法院。这些机构为当事人提供了不同的争议解决途径，确保劳动者和用人单位的合法权益得到公平、公正的维护。

（一）劳动争议调解组织

劳动争议调解组织是劳动争议处理的第一道防线，其主要职责是通过调解方式，促使劳动者和用人单位达成和解。一是调解委员会。调解委员会通常设立在企业内部，由职工代表、工会代表和企业代表组成。其主要职能是调解内部劳动争议，推动双方达成和解协议，减少因争议引发的对立和冲突。调解委员会的工作通常由工会主导，确保调解的公正性。二是区域性调解组织。区域性劳动争议调解组织由地方劳动行政部门、工会、企业联合会等组成，主要服务于无工会或调解组织的企业和劳动者。它们提供更广泛的调解服务，帮助解决跨企业、跨行业的劳动争议。这些组织通常具有较强的公信力和调解经验，有助于维护区域内劳动关系的和谐。三是调解协议的法律效力。通过调解达成的协议具有法律约束力，一旦签署，双方应履行协议内容。未履行的，当事人可申请仲裁或诉讼解决。调解的优势在于程序简单、时间短、成本低，且调解结果更易为双方接受，有助于维持长期的劳动关系稳定。

（二）劳动人事争议仲裁委员会

劳动人事争议仲裁委员会是解决劳动争议的法定中介机构，主要负责对劳动争议进行仲裁。一是仲裁的必经程序。法律规定，劳动争议必须先经过仲裁程序，只有对仲裁裁决不服时，方可提起诉讼。仲裁委员会受理后，将根据案件事实和法律规定作出裁决。仲裁程序相对简单、快捷，是劳动争议解决的重要途径。二是仲裁委员会的组成和职能。仲裁委员会通常由劳动行政部门、工会、企业代表等组成，确保裁决的公正性和权威性。委员会的主要职能包括受理劳动争议申请、调查取证、主持调解和作出仲裁裁决等。仲裁裁决具有法律效力，除非一方当事人不服，否则应当遵照执行。三是仲裁裁决的执行。仲裁裁决书对当事人具有法律约束力，如一方未履行，另一方可申请人民法院强制执行。仲裁裁决的快速和专业性，有助于迅速解决争议，恢复正常的劳动关系。仲裁作为劳动争议处理的重要环节，起到了衔接调解和诉讼的作用。

（三）人民法院

人民法院是劳动争议处理的最终裁决机构，负责审理仲裁不服的劳动争议案件。一是法院受理的条件。劳动者或用人单位对仲裁裁决不服的，可在法定期限内向人民法院提起诉讼。法院审理劳动争议案件时，将对案件进行全面审查，包括事实认定、法律适用等。法院的裁决具有终局性，法律效力强，保障了裁判结果的权威性。二是审理程序。劳动争议案件的法院审理分为一审和二审。通常，基层法院作为一审法院，中级或高级法院作为二审法院。审理程序包括立案、开庭审理、判决等环节。法院审理劳动争议案件的原则是公开、公平和公正，确保双方当事人的合法权益。三是执行判决。法院判决生效后，当事人应按判决履行义务，如不履行，胜诉方可申请强制执行。法院的强制执行措施包括冻结财产、扣押财物等。通过法院的审判和执行，劳动争议得以最终解决，保障了法律的尊严和劳动关系的稳定。

劳动争议的处理机制包括调解、仲裁和诉讼三个层次，各自发挥着不同的功能和作用。调解注重和解，仲裁强调专业性和快速性，而法院则提供最终裁决的权威性。通过这些多层次的争议解决途径，可以有效维护劳动者和用人单位的合法权益，促进劳动关系的和谐稳定发展。当事人应根据争议的性质和实际情况选择合适的处理方式，以达成最优的解决方案。

二、劳动争议处理程序

劳动争议处理程序是指解决劳动者与用人单位之间因劳动合同或其他劳动关系引起的纠纷的法律程序。这些程序包括协商、调解、仲裁和诉讼四个主要阶段，每个阶段都有其独特的功能和要求。了解这些程序有助于当事人在争议发生时有效维护自身的合法权益。

（一）劳动争议协商

劳动争议协商是争议双方自行协商解决问题的初步程序，旨在通过平等对话达成一致，避免进入正式的法律程序。一是协商的灵活性。协商过程不受严格的法律程序限制，双方可以自由讨论争议的各个方面。协商的优势在于灵活、迅速，且成本较低，适合解决小规模的争议或非重大法律问题。二是双方平等协商的原则。在协商过程中，劳动者和用人单位应基于平等、自愿的原则，充分表达各自的观点和要求。双方在协商中达成的协议，应尊重劳动法的基本原则和劳动者的合法权益。三是协商结果的法律效力。协商达成一致后，双方应签订书面协议，明确双方的权利义务。尽管协商协议不具备强制执行力，但它在一定程度上体现了双方的共识，有助于后续的争议处理。如一方不履行协商结果，另一方可通过法律途径解决。

（二）劳动争议调解

劳动争议调解是在第三方的主持下，通过调解员的介入，帮助争议双方达成和解的一种方式。一是调解的自愿性和中立性。调解是双方自愿参与的过程，调解员的角色是中立的，不偏向任何一方。调解员帮助双方理清事实、分析法律，促进双方达成和解，调解过程中双方可以自由表达意见。二是调解组织的设置。调解可以由企业内部的调解委员会、区域性劳动争议调解组织或其他专门机构主持。这些组织通常由职工代表、工会代表和企业代表组成，具有较高的公信力。三是调解协议的法律效力。调解成功达成的协议应以书面形式确认，双方签字后具有法律约束力。未能达成调解或调解协议不被执行的，争议双方可以继续通过仲裁或诉讼解决。

（三）劳动争议仲裁程序

劳动争议仲裁程序是法律规定的必经程序，当协商和调解无效时，双方可以向劳动人事争议仲裁委员会申请仲裁。一是仲裁的法定程序性。劳动争议案件必须先经过仲裁程序，仲裁是劳动争议解决的前置程序。仲裁委员会对案件进行审理，作出具有法律效力的裁决。仲裁裁决通常快速且费用较低，适合大多数劳动争议。二是仲裁申请和审理。争议一方提出仲裁申请后，仲裁委员会受理案件并组织双方进行审理。仲裁庭一般由三名仲裁员组成，其中一人为首席仲裁员。审理过程中，仲裁员对案件事实进行审查，听取双方陈述。三是仲裁裁决的法律效力。仲裁裁决具有法律约束力，一旦作出，双方应按裁决内容履行。如对裁决不服，双方可以在法定期限内向法院提起诉讼，否则裁决生效。未执行的裁决可以申请法院强制执行。

（四）劳动争议诉讼程序

劳动争议诉讼程序是对仲裁裁决不服的最后救济途径，劳动者或用人单位可以向人民法院提起诉讼。一是诉讼的合法性和时效性。对仲裁裁决不服的，当事人可以在收到裁决书之日起15日内向法院提起诉讼。诉讼程序需要提交相关证据和材料，法院将依法审理案件。诉讼程序复杂且耗时，但具有终局性。二是法院的审理和判决。法院审理劳动争议案件时，将对仲裁阶段未解决的问题进行全面审查。审理包括开庭、质证、辩论等程序，最后由法院作出判决。判决结果维持仲裁裁决，也予以变更。三是诉讼判决的执行。法院的判决一旦生效，当事人应依法履行。未履行的判决可申请强制执行。诉讼程序的优势在于其权威性和全面性，能够提供最终的法律救济，确保劳动者和用人单位的权益得到有效保障。

劳动争议处理程序为劳动者和用人单位提供了多种解决途径，从协商、调解到仲裁和诉讼，各阶段程序的设置旨在有效解决争议，维护劳动关系的和谐稳定。通过这些程序，当事人可以根据争议的性质和实际情况选择适当的解决方式，确保自身合法权益得到保护。理解和遵循这些程序规定，是争议各方妥善处理劳动纠纷、实现公正公平的关键。

第四节　社会保险

一、社会保险与社会保险法概述

社会保险是国家为保障劳动者在年老、疾病、工伤、失业和生育等情况下的基本生活需求而设立的社会保障制度。它通过强制性的缴费机制，由政府、用人单位和个人共同承担费用，提供经济保障。社会保险的主要项目包括基本养老保险、基本医疗保险、失业保险、工伤保险和生育保险。每个项目针对不同的风险，提供相应的保险待遇。

社会保险法是规范社会保险制度的基本法律，其宗旨是维护公民的基本生活权益，促进社会和经济的协调发展。社会保险法明确了各类社会保险的覆盖范围、缴费标准、待遇条件和管理机制。它规定了国家、用人单位和个人在社会保险中的责任和义务，确保社会保险基金的筹集、管理和使用的规范性和透明性。

通过社会保险法的实施，国家保障了广大劳动者的基本生活权益，促进了社会公平和稳定。社会保险不仅是对劳动者基本权利的法律保障，也是社会稳定和经济发展的重要基石。它为社会成员提供了基本的经济保障，减少了个人和家庭在面临意外事件时的经济风险，增强了社会的整体福祉和安全感。

二、基本养老保险

基本养老保险是社会保险制度的重要组成部分，旨在为劳动者提供老年生活的基本经济保障。它通过长期积累和分配机制，确保劳动者在退休后能够维持基本的生活水平。基本养老保险的制度设计和实施，有助于缓解老龄化社会的经济压力，促进社会公平与和谐。现探讨基本养老保险的概念与覆盖范围、职工基本养老保险的征缴范围、享受条件与待遇等内容。

（一）基本养老保险概念与覆盖范围

基本养老保险是一种社会保险制度，主要为劳动者在年老退休后提供经济支持，它通过用人单位和个人共同缴纳保险费，积累资金，并在劳动者退休后按月发放养老金。一是基本养老保险的定义。基本养老保险是一种强制性保险制度，旨在保障劳动者年老时获得基本生活保障。它通过资金的社会统筹和个人账户的结合，实现对老年生活的长期支持。二是覆盖范围的广泛性。基本养老保险覆盖的对象包括城镇企业职工、灵活就业人员和机关事业单位工作人员等。近年来，随着政策的不断完善，城乡居民和农民工也逐步纳入养老保险体系，扩大了社会保障的覆盖面。三是参保的普遍性。参保基本养老保险是法定义务，企业和个人必须按照规定参保并缴纳保险费。这种普遍覆盖的机制有助于建立起全社会的风险分担和互助体系，保障不同群体的基本生活权益。

（二）职工基本养老保险征缴范围

职工基本养老保险的征缴范围包括用人单位和职工个人，共同承担保险费的缴纳义务。征缴范围和比例的合理设置是保障养老保险基金稳定运行的重要前提。一是用人单位的缴费义务。用人单位是职工基本养老保险的主要缴费主体，须按职工工资总额的一定比例缴纳养老保险费。缴费比例通常由国家或地方政府规定，用人单位须依法履行缴费义务。二是职工个人的缴费责任。职工个人也须按工资的一定比例缴纳养老保险费，这部分费用通常由用人单位代扣代缴。个人缴费直接影响个人账户的积累和退休后的养老金水平。三是缴费基数和比例的设定。缴费基数一般以职工的实际工资为基础，设有最高和最低限额。缴费比例则根据国家经济发展水平和社会保障需求进行调整。合理的缴费比例设定有助于平衡职工和企业的负担，保障养老保险基金的持续稳定。

（三）职工基本养老保险享受条件与待遇

职工基本养老保险的享受条件和待遇标准是决定劳动者退休后生活质量的关键因素。法律规定了领取养老金的条件和计算方式，确保制度的公平性和合理性。一是享受条件。职工要享受基本养老保险待遇，须符合法定退休年龄和缴费年限的要求。一般情况下男性职工退休年龄为60岁，女性职工为55岁或50岁，特殊工种的职工可以提前退休。缴费年限通常要求累计满15年。二是养老金的计算方式。养老金的计算主要依据缴费年限、个人账户金额和社会平均工资等因素。养老金由基础养老金和个人账户养老金组成，基础养老金根据社会平均工资和缴费年限确定，个人账户养老金根据账户余额和退休年龄的系数确定。三是养老金待遇的调整。为了应对物价上涨和社会经济发展，养老金待遇通常定期调整。调整方式包括基础养老金的提高和个人账户养老金的利率调整。待遇调整机制确保退休人员生活水平的稳定和适度提高。

基本养老保险通过法定的缴费和待遇机制，保障了劳动者在退休后的基本生活需求。明确的概念和覆盖范围、合理的征缴制度以及公正的待遇标准，构成了基本养老保险制度的核心内容。通过这一制度的实施，国家能够有效地缓解人口老龄化带来的经济压力，促进社会公平和稳定。对劳动者和用人单位来说，理解和遵循基本养老保险的相关规定，有助于保障个人和家庭的长期经济安全。

三、基本医疗保险

基本医疗保险是社会保险体系的重要组成部分，旨在保障劳动者在患病时能够获得基本医疗服务。它通过医疗费用的社会共济机制，减轻个人医疗负担，确保劳动者和居民享有基本的健康保障。基本医疗保险的制度设计涉及参保范围、费用缴纳、待遇享受等多个方面，为社会提供了稳定的医疗保障基础。

（一）基本医疗保险概念与覆盖范围

基本医疗保险是一种社会保险制度，旨在为参保人员提供基本医疗服务的费用保障。它涵盖了广泛的人群和多种医疗服务，确保全社会成员能够在患病时获得必要的医疗支持。一是基本医疗保险的定义。基本医疗保险是通过政府、用人单位和个人共同出资，设立的社会保险基金，用于支付参保人员的住院、门诊、急诊等基本医疗费用。其目的是保障公民的基本医疗需求，分散个人医疗费用风险。二是覆盖范围的广泛性。基本医疗保险覆盖的对象包括城镇职工、灵活就业人员和城乡居民。近年来，随着政策的推进，基本医疗保险逐步实现全民覆盖，确保城乡居民、农民工等不同群体均能享有基本医疗保障。三是强制性参保的要求。基本医疗保险实行强制性参保制度，要求所有符合条件的单位和个人均须参加。用人单位必须为其职工办理参保手续，职工也须按规定缴纳医疗保险费。这种强制性安排确保了医疗保险基金的稳定性和覆盖面的广泛性。

（二）职工基本医疗保险费的缴纳与计算

职工基本医疗保险费的缴纳是保障医疗保险基金稳定的重要途径，费用的计算和缴纳方式直接关系参保人员的医疗保障水平。一是缴费主体与责任。职工基本医疗保险费由用人单位和职工个人共同承担。用人单位按职工工资总额的一定比例缴纳，职工个人也须按工资的一定比例缴纳个人部分。单位缴费部分通常占较大比例，个人缴费部分相对较小。二是缴费基数和比例。缴费基数通常以职工的工资为依据，设有最高和最低限额。缴费比例由国家或地方政府规定，并可根据经济发展水平和医疗保障需求进行调整。合理的缴费基数和比例设定，确保基金的充裕和公平。三是缴费的计算与管理。缴费金额的计算通常由用人单位负责，根据职工工资总额和缴费比例确定。缴费须定期向社会保险经办机构缴纳，并由其进行管理和使用。缴费的及时性和准确性对基金的运行至关重要。

（三）职工基本医疗保险享受条件与待遇

职工基本医疗保险的享受条件和待遇标准直接影响参保人员的医疗保障水平，法律规定了享受医疗保险待遇的具体条件和标准，确保参保人员在患病时获得必要的医疗服务。一是享受条件的设定。职工享受基本医疗保险待遇的前提是按时足额缴纳保险费，并符合规定的参保年限和缴费年限。通常要求连续缴费满一定年限，如6个月或12个月，方可享受相应的医疗待遇。二是待遇的涵盖范围。基本医疗保险待遇包括住院医疗费用、门诊费用、特殊疾病治疗费用等。保险基金根据医疗费用的实际情况支付部分或全部费用，具体支付比例和最高限额由当地社会保险政策规定。三是异地就医和转诊制度。参保人员因工作、居住地变更等原因异地就医的，需办理异地就医备案手续。异地就医费用可按规定报销，保障了参保人员在异地的医疗需求。转诊制度则确保患者在基层医疗机构和大医院之间合理流动，提高医疗资源利用效率。

（四）医疗期

医疗期是指劳动者因病或非因工负伤治疗期间的休假时间，是职工医疗保障的重要组成部分，法律对医疗期的时长和待遇有明确规定，确保劳动者在治疗期间的基本生活保障。一是医疗期的定义和规定。医疗期是指劳动者因疾病或非因工负伤需要治疗的期间。根据疾病的严重程度和治疗需要，医疗期通常分为短期、中期和长期不等。法律规定了不同工龄的劳动者可享受的医疗期期限，确保劳动者有足够时间康复。二是医疗期内的工资待遇。劳动者在医疗期内，用人单位应支付不低于最低工资标准的工资或病假工资。法律要求企业在此期间不得解除劳动合同，确保劳动者的基本生活不受影响。工资待遇的具体标准和支付方式由地方政府和企业规章确定。三是医疗期的管理和续期。用人单位应根据医生的诊断证明合理安排劳动者的医疗期，并提供必要支持。劳动者在医疗期满后仍未康复的，可申请续期。续期须经用人单位和劳动行政部门批准，并出具新的诊断证明。续期的管理确保了劳动者得到充分的治疗和康复。

（五）医疗期待遇

医疗期待遇是指劳动者在医疗期内所享有的各项福利和保障措施，旨在减轻劳动者因病或伤导致的经济负担，一是医疗费用的报销。职工在医疗期内产生的医疗费用，符合基本医疗保险报销范围的部分，由社会保险基金按比例报销。报销的范围和比例由当地社会保险政策规定，通常包括住院费用、手术费用、部分门诊费用等。二是药品和治疗的覆盖。医疗期待遇覆盖基本药物和必要的治疗项目，包括化验、检查、手术等。参保人员在定点医院就医，可按照规定享受报销待遇。特殊药品和治疗项目须经批准后方可纳入报销范围，确保医疗资源的合理使用。三是大病保险和二次报销。为进一步减轻参保人员的医疗负担，部分地区还设有大病保险和二次报销机制。大病保险针对重大疾病的高额医疗费用提供额外保障，二次报销则是在基本医疗保险报销后对剩余部分再次报销。这些机制增强了医疗保障的广度和深度。

基本医疗保险通过覆盖全社会的参保人员，提供全面的医疗保障，确保劳动者在患病时得到必要的治疗和经济支持。通过明确的缴费和待遇标准，基本医疗保险制度在减少个人医疗支出、保障社会稳定方面发挥了重要作用。医疗期和医疗期待遇的合理设置，为劳动者的健康和生活提供了坚实的保障。理解和落实这些制度，有助于提高社会保险的覆盖面和保障水平，促进社会和谐发展。

四、工伤保险

工伤保险是社会保险的重要组成部分，旨在保障劳动者在工作中因工负伤、致残或死亡时，能够获得相应的经济补偿和医疗救治。工伤保险不仅为受伤劳动者及其家庭提供基本生活保障，还可有效减轻用人单位的经济负担，促进了劳动关系的稳定与和谐。现详细探讨工伤保险费的缴纳与计算、工伤的认定以及工伤保险待遇的相关内容。

（一）工伤保险费的缴纳与计算

工伤保险费是工伤保险基金的重要来源，用于支付工伤事故中的医疗费用、伤残补助等。保险费的缴纳和计算有明确的法律规定，确保基金的充裕和公正。一是工伤保险费的缴纳主体。工伤保险费由用人单位全额缴纳，劳动者个人不需承担任何费用。用人单位须按照国家规定的费率标准，定期向社会保险经办机构缴纳工伤保险费。缴费责任的明确，减轻了劳动者的经济负担，确保了工伤保险基金的稳定性。二是工伤保险费的计算基数。工伤保险费的计算基数通常以用人单位支付的职工工资总额为基础。工资总额包括基本工资、奖金、津贴等各种形式的工资性收入。计算基数的合理确定，直接影响工伤保险基金的规模和支付能力。三是费率的确定和调整。工伤保险费率由国家根据不同行业的风险程度确定，并定期调整。高风险行业如建筑、矿山等的费率较高，而低风险行业如服务业的费率则相对较低。费率调整机制考虑了不同行业的工伤发生率和基金收支情况，确保工伤保险制度的公平性和可持续性。

（二）工伤的认定

工伤的认定是工伤保险待遇的前提，关系劳动者是否能够享受相应的工伤保险待遇。认定工伤的标准和程序有严格的法律规定，保障劳动者的合法权益。一是工伤的法定认定标准。工伤认定的标准主要包括因工受伤、职业病和在工作场所及工作时间内因工作原因受伤等情况。法律明确规定了哪些情形可被认定为工伤，如在工作时间和工作场所内，因履行工作职责受到意外伤害，以及在工作时间前后从事与工作相关的准备性或收尾性工作时受伤等。二是职业病的认定。职业病是指劳动者因职业活动中接触职业性有害因素而导致的疾病。职业病的认定须经医疗卫生部门的职业病诊断机构进行专门诊断，并出具职业病诊断证明。职业病的认定标准由国家统一规定，保障劳动者的职业健康权益。三是工伤认定的程序。劳动者或用人单位应在工伤事故发生后及时向当地劳动保障行政部门提出工伤认定申请。劳动保障部门在收到申请后，须在规定期限内对事故进行调查和认定，并书面通知申请人。认定结果如有争议，可申请行政复议或提起行政诉讼，确保认定过程的公正性和透明度。

（三）工伤保险待遇

工伤保险待遇是指劳动者在因工受伤、致残或死亡后，依法享有的经济补偿和医疗救治等权益。待遇标准和支付方式有明确规定，确保受伤劳动者及其家庭的基本生活保障。一是医疗待遇和护理费用。工伤职工在工伤治疗期间，所需的医疗费用由工伤保险基金支付，包括住院、手术、药品、康复等费用。对于因工伤导致生活无法自理的劳动者，工伤保险还提供必要的护理费用。护理费用标准根据劳动者伤残程度和实际需要确定。二是伤残补助和津贴。劳动者因工伤导致伤残的，工伤保险基金将根据劳动者的伤残等级发放一次性伤残补助金和月度伤残津贴。伤残补助金的金额依据伤残等级和职工平均工资确定，伤残津贴则根据职工工资水平和伤残程度按月发放。伤残等级由专门机构评定，确保补助和津贴的公正性。三是因工死亡的抚恤和供养。劳动者因工死亡的，其直系亲属可获得一次性工亡补助金和供养亲属抚恤金。工亡补助金的标准由国家规定，通常包括丧葬费和一次性工亡补助金。供养亲属抚恤金则根据供养人数和供养关系确定，保障因工死亡劳动者家庭的基本生活。

工伤保险制度通过明确的缴费、认定和待遇标准，为因工受伤、致残或死亡的劳动者及其家庭提供基本的经济保障和医疗救助。这一制度不仅有效减轻了受伤劳动者的经济负担，也在一定程度上分担了用人单位的责任。通过法律规定的程序和标准，工伤保险制度保障了劳动者的合法权益，促进了社会和谐与稳定发展。理解和遵守工伤保险的相关规定，有助于企业和劳动者更好地防范和应对工伤风险，维护双方的合法权益。

五、失业保险

失业保险是社会保险体系中的一项重要制度，旨在为因非自愿失业的劳动者提供基本生活保障。通过失业保险，劳动者在失业期间能够获得一定的经济补偿，以维持基本生活水平。失业保险的资金来源主要包括用人单位和劳动者个人按规定比例缴纳的保险费。参保劳动者在符合法定条件的情况下，如缴纳失业保险费满一定年限、非因本人意愿中断就业等，可申请领取失业保险金。领取期间，失业保险金的数额通常按劳动者缴费前工资的一定比例计算。此外，失业保险还提供职业培训、再就业服务等支持，帮助失业人员尽快重返劳动力市场。通过失业保险制度，国家实现了对失业人员的经济保障与就业再促进，有效缓解了社会的就业压力和经济不稳定性。

六、生育保险

生育保险是社会保险体系中的一部分，旨在保障女性劳动者在怀孕、分娩及产后恢复期间的基本权益和经济支持。用人单位为职工缴纳生育保险费，职工个人无需缴费。生育保险主要提供两项待遇：生育津贴和生育医疗费用。生育津贴根据职工的工资水平和产假天数计算，为女性劳动者在休产假期间提供收入保障。生育医疗费用包括产前检查、分娩、产后康复等相关医疗服务的费用，由生育保险基金支付。通过生育保险制度，国家保障了女性劳动者在生育期间的基本生活和健康权益，促进社会公平和家庭稳定。

参考文献

[1]马慧娟，李丹萍.经济法概论[M].昆明：云南大学出版社，2021.

[2]李振华，方照明.经济法通论（第4版）[M].北京：中国政法大学出版社，2021.

[3]薛华勇.经济法概论[M].苏州：苏州大学出版社，2021.

[4]卢真杰.经济法（第5版）[M].上海：上海财经大学出版社，2021.

[5]吕志祥.经济法基础理论研究[M].北京：九州出版社，2021.

[6]徐秉晖.论经济转型中的中国经济法[M].成都：四川大学出版社，2021.

[7]刘蕾.经济法主体及其权责问题研究[M].北京：中国商务出版社，2021.

[8]王娟，唐雪梅.经济法教程[M].上海：同济大学出版社，2021.

[9]王传丽.国际经济法（第3版）[M].国家开放大学出版社，2021.

[10]孔志强，赵鹏.经济法概论[M].上海：立信会计出版社，2021.

[11]王婷婷，孙桂娟.经济法基础[M].上海：立信会计出版社，2021.

[12]李贺，宋建涛.经济法基础[M].上海：立信会计出版社，2021.

[13]何国华，刘继峰.经济法总论（第2版)[M].北京：对外经济贸易大学出版社，2022.

[14]师华.国际经济法概论[M].上海：同济大学出版社，2022.

[15]焦娇.经济法概论（第2版）[M].上海：复旦大学出版社，2022.

[16]王克水.当代经济与经济法理论研究[M].长春：吉林人民出版社，2022.

[17]张乃根.新编国际经济法导论（第3版）[M].上海：复旦大学出版社，2022.

[18]魏平娟.经济法视角下的企业社会责任研究[M].北京：中国纺织出版社，2022.

[19]刘天善，张力.经济法教程（第4版）[M].北京：清华大学出版社；北京：北京交通大学出版社，2022.

[20] 陈晓华，徐景录，孙玲玲.经济法（第2版）[M].北京：清华大学出版社，2022.

[21] 黎江虹，沈斌.经济法教程[M].北京：清华大学出版社，2022.

[22] 向艳.经济法[M].北京：经济科学出版社，2022.

[23] 徐川淇.经济法的发展与实践研究[M].北京：中国商务出版社，2023.

[24] 张昕宇.经济法实务[M].重庆：西南大学出版社，2023.

[25] 薛涛.经济法基础[M].北京：清华大学出版社，2023.

[26] 周海娟，王贵.经济法理论与实务[M].成都：电子科学技术大学出版社，2023.